Manfred Schmidt

Das Münsterland

55 Meilensteine der Geschichte

Menschen, Orte und Ereignisse, die unsere Region bis heute prägen

SUTTON

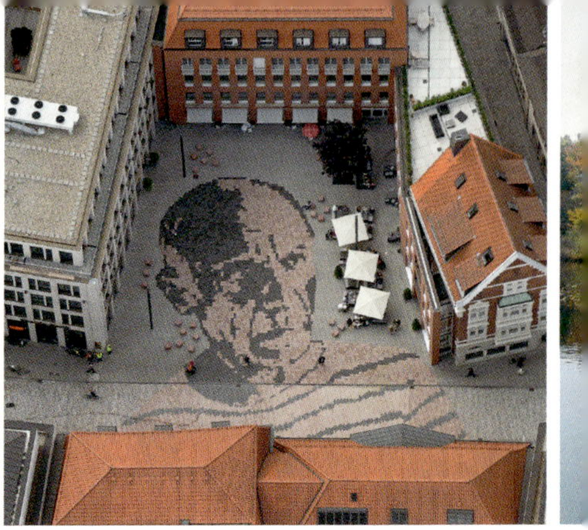

Inhalt

Einführung

Nein, wir haben doch keine Vorurteile …

„*Nimborum partria* – Heimat des Regens!“ nannte der päpstliche Gesandte Fabio Chigi das Münsterland, als er zwischen 1644 und 1649 zur Vorbereitung des Westfälischen Friedens in Münster lebte. Gut, nehmen wir die Klischees über Münster und sein Umland gleich vorweg: In Münster und im Münsterland krallen sich die Regenwolken an den unzähligen Kirchtürmen regelrecht fest. Darum regnet es ständig oder es läuten die Glocken. Fällt beides zusammen, ist Sonntag.

Ja, solche Klischees halten sich hartnäckig. Dabei beträgt die Niederschlagshäufigkeit im Schnitt 190 Tage im Jahr. Im Vergleich zum bundesweiten Durchschnitt (180 Tage) ist das zwar mehr, aber auch nicht wirklich bemerkenswert. Und bei der Regenmenge im Jahr ist Münster sogar absoluter Durchschnitt in Deutschland.

Schwarz – Münster – Paderborn. Das ist bis heute die politische Steigerung der Spötter. Diese bezieht sich aber nicht nur auf die politische Ausrichtung. In beiden Städten gibt es nach wie vor eine katholische Bevölkerungsmehrheit, die aber im Laufe der letzten Jahre stärker zurückgegangen ist, als allgemein angenommen wird; ein erzkatholisches „nordisches Rom“ ist Münster nicht mehr. Außerdem – wem seine Verfehlungen mit der Beichte vergeben werden, der kann wohl entspannter und freudiger durchs Leben gehen.

So, dann hätten wir das geklärt. Nun stellt sich die Frage: Wo fängt das Münsterland an und wo endet es?

Ein bisschen Geografie muss sein oder wo ist denn das Münsterland genau?

Je nachdem ob historische, kulturelle oder naturräumliche Aspekte oder aber die aktuelle Verwaltungseinteilung zugrunde gelegt werden, lässt sich das Münsterland unterschiedlich eingrenzen. Neben dem Kernraum bestehen im Norden, Osten und Süden Übergangszonen. Das Münsterland bildet den nördlichen Teil der Westfälischen Bucht. Einen gewissen Rahmen bildet im Süden der Flusslauf der Lippe, im Norden und Nordosten Niedersachsen mit dem Osnabrücker Land, der Grafschaft Bentheim und dem Emsland sowie im Nordwesten der Niederrhein und die Niederlande. Aufgrund seiner Geschichte und der administrativen Grenzen des Münsterlandes ist auch das Tecklenburger Land ins Münsterland einzubeziehen. Das gilt aber nicht für das in Niedersachsen gelegene Oldenburger Münsterland.

Die Provinz ist nicht provinziell

Münster und das Münsterland sind in der Vorstellung vieler Menschen aus anderen deutschen Regionen tiefste Provinz, dessen Bewohner wunderlich sind. Das ist Ansichtssache – aber die Provinz ist hier nicht provinziell.

Münster und das Münsterland sind eine faszinierend vielseitige Region und stecken voller geschichtlicher Highlights. Diese Menge zwischen die Deckel eines handlichen Buches zu zwängen ist nicht machbar. 55 davon zu selektieren ist deshalb eine, zugegeben reizvolle,

Herausforderung, weil es so viele spannende Geschichten zu erzählen gibt. Die vorliegende Sammlung kann also nur ein Auszug eines viel größeren Umfangs sein.

Da ist zum einen Münster, die einzige Großstadt der Region. Die Domstadt war und ist der geografische, wirtschaftliche und kulturelle Mittelpunkt des Münsterlandes. Eine Stadt mit vielen Facetten. In ihrer Eigenart geprägt vom Mittelalter und durch den Westfälischen Frieden in die Geschichtsbücher eingegangen. Bekannt ist sie als Studentenstadt, Fahrradstadt, als Wissenschaftsstadt, als Schreibtisch Westfalens. Mit dem Prinzipalmarkt, seinen Giebelhäusern und Bogengängen, dem alten Rathaus, der historischen Altstadt, dem Paulusdom, dem Aasee als Naherholungsgebiet und mit einem der schönsten Wochenmärkte Deutschlands ist Münster ein beliebter Freizeitstandort. Zudem verfügt die Westfalenmetropole über ein großes Angebot an Museen, Theatern und Veranstaltungen. Die Universität ist ein weiterer Grundstein für die heutige Bedeutung Münsters. In kaum einer anderen deutschen Stadt ist die Studentendichte so hoch wie in Münster. Als fünftgrößte Universität Deutschlands genießt die Westfälische Wilhelms-Universität Münster nicht nur deutschlandweit einen guten Ruf.

Münster ist auch der Nabel der umliegenden flachen Garten- und Parklandschaft des Münsterlandes. Die stolze Industriegeschichte der Region gründet sich auf die ehemals bedeutende Textilindustrie ebenso wie auf die noch immer wichtige Landwirtschaft. Das „Pumpernickel-Land" mit seinen typischen Gebäuden aus rotem Klinker und elegantem Sandstein ist nicht nur das Land der Wasserburgen und der Pferde. Es steckt auch voller Highlights und bietet genügend Stoff für zahlreiche Geschichten.

Wie der Herr, so's Gescherr oder was wäre das Münsterland ohne die Münsterländer

Der Münsterländer gilt als gelehrig, intelligent, ausgeglichen, treu, familienfreundlich und kinderlieb. Er ist ruhig und gut zu führen, leistungsstark und wagemutig. Er verfügt (meist) über eine rasche Auffassungsgabe. Er hat große braune Augen, eine hohe Stirn und lange, hängende Ohren.

Nein, diese Beschreibung bezieht sich nicht auf den Münsterländer Menschen, sondern auf die Hunderasse des Münsterländers. Oder sind hier etwa Übereinstimmungen zu erkennen – nun ja, wie der Herr, so's Gescherr …

So, nun aber schnell zu den Geschichten, Emotionen, Leistungen, Besonderheiten und auch Kuriositäten, die das Münsterland so beeindruckend und lebenswert machen.

1 Vermischtes
Grenzwandeln im Zwillingsdorf

Das niederländische Dinxperlo und das deutsche Suderwick im Westmünsterland sind zwei Ortschaften an der niederländisch-deutschen Grenze, deren Bebauung nahtlos ineinander übergeht. Wäre da nicht die Grenze, markiert durch gelbe Kreuze auf der Straße, könnte man annehmen, es handele sich um einen einzigen Ort mit zwei Ortsteilen. Hier macht der Besucher merkwürdige Grenzerfahrungen.

Die Landesgrenzlinie zwischen Suderwick und Dinxperlo, von den Menschen vor Ort De Goot, also die Gosse oder die Rinne genannt, verläuft entlang der deutschen Bordsteinkante durch die Dorfstraße, deren deutscher Teil Hellweg und deren niederländische Seite Heelweg heißt. Die Grenze geht teilweise mitten durch Grundstücke hindurch, sodass einzelne Häuser des einen Landes nur vom anderen Land zu erreichen sind. Wollen beispielsweise die deutschen Anwohner mit dem Fahrrad oder dem Auto zu ihren Wohnungen, sind sie Gast im Königreich der Niederlande.

Das war nicht immer so. Die Grenze war früher ein Hindernis und hat das Leben auf beiden Seiten stark beeinflusst. So stand in der Zeit vom 23. April 1949 bis 1. August 1963 der westliche Teil vom deutschen Suderwick unter niederländischer Verwaltung.

Heute ist die Grenze keine Barriere mehr. Im Gegenteil, heute verbindet sie. Es gibt kein Nebeneinander mehr, sondern ein enges Miteinander. Nach dem Wegfall der Grenzkontrollen ist nur noch anhand der unterschiedlichen Architektur, zweierlei Kfz-Kennzeichen und Verkehrsschilder sowie gelber Kreuze auf der Straße erkennbar, in welchem Ort und damit in welchem Staat man sich gerade befindet.

Es ist hier normal, dass die deutschen Kinder die niederländische Basisschule in Dinxperlo besuchen und die niederländischen Kinder auf deutscher Seite am Schwimmunterricht teilnehmen. Die Dinxperloer trinken Wasser aus Deutschland, die Abwässer Suderwicker Haushalte werden in der Dinxperloer Kläranlage gereinigt. Auf niederländischer Seite befindet sich die erste deutsch-niederländische Polizeistation. Von hier aus gehen niederländische und deutsche Beamte gemeinsam auf Streife. Feuerwehr und Notarzt fahren heute ganz selbstverständlich über die Grenze. Hüben und drüben wird eingekauft, wird sich verliebt und geheiratet. Auf der einen Seite der Hauptstraße erhellen deutsche und auf der anderen Straßenseite niederländische Laternen den Weg.

Direkt auf der Grenze steht das europaweit erste grenzüberschreitende Altenheim, indem Menschen aus Deutschland und den Niederlanden wohnen. Die beiden Gebäudeteile sind durch eine Brücke über der Grenzstraße verbunden. Von hier haben die Senioren einen schönen Ausblick auf beide Länder. Der große Tisch im Aufenthaltsraum steht quer über

Die beiden Dörfer Dinxperlo (NL) und Suderwick (D), durch die die deutsch-niederländische Grenze verläuft, werden auch liebevoll „Dinxperwick" genannt. Sie bilden räumlich eine Einheit und machen somit im europäischen Sinn gemeinsame Sache. Europa grenzenlos!

der Grenze. Ein gemeinsamer Dialekt lässt bei den deutsch-niederländischen Nachbarn keine Verständigungsprobleme aufkommen.

Und schmunzeln kann man im Zwillingsdorf auch: Als die niederländische Königin Beatrix ihre Landeskinder in Dinxperlo besuchte, betrat sie mit einem Fuß den südlichen Bürgersteig der niederländischen Straße und damit deutschen Boden. Den anderen durfte sie nicht nachziehen, dann wäre es, ganz ohne die sonst üblichen protokollarischen Zwänge ein echter Staatsbesuch gewesen …

Eine weitere Grenzkuriosität im Münsterland findet sich in der Bauernschaft Lankern. Der Ort gehört teilweise zum Stadtteil Dingden der Stadt Hamminkeln im Kreis Wesel und somit zum Niederrhein und teilweise zur Stadt Bocholt im Kreis Borken und somit zum westlichen Münsterland. Ursache war die Gebietsreform am 1. Januar 1975.

2 Prähistorisches Teufelswerk
Die Düwelsteene

In der Gemeinde Heiden im Westmünsterland liegen in einer eiszeitlichen Dünenlandschaft die Teufelssteine, Überreste eines steinzeitlichen Großsteingrabes der Trichterbecherkultur. Das „Baumaterial" für die im Plattdeutschen und im Volksmund Düwelsteene genannte Megalithanlage stammt aus den geologischen Vorgängen der Saale-Eiszeit vor rund 145.000 Jahren.

Verschiedene Gesteinsarten wurden mit einhundert Meter dicken Eisschichten aus dem Norden hierher verschoben. So auch die bis zu sieben Tonnen schweren Findlinge, die unsere Vorfahren während der jüngeren Steinzeit vor etwa viertausend Jahren hier in Heiden zu einem Steinkammergrab zusammenfügten. Wie viele andere Großsteingräber wurde auch dieses in christlicher Zeit mit dem Teufel, dem alten Lümmel, in Verbindung gebracht: Als Karl der Große in Aachen seinen Dom baute, kam er während des späten Baustadiums in finanzielle Schwierigkeiten. Das hatte auch der Teufel mitbekommen und versprach Hilfe, die von den Bauherren notgedrungen angenommen wurde. Als Gegenleistung verlangte er die Seele des ersten Dombesuchers nach der Eröffnung. Der Teufel hatte aber in seiner Gier vergessen, im Vertrag auf eine menschliche Seele zu bestehen. So fingen die Mönche in den Ardennen einen Wolf, den sie am Tage der Einweihung als erste Seele in den Dom trieben. Im Halbdunkel der Kirche riss der Teufel dem scheinbaren Kirchenbesucher die Seele aus dem Leib. Darin geübt, bemerkte er schnell den Betrug. Rasend vor Wut und laut stampfend verließ er den Dom und schlug die schweren Bronzetüren mit einem lauten Knall hinter sich zu. Dabei quetschte er sich seinen Daumen ab. Racheschwörend sammelte er im Münsterland einen Sack voll Findlinge, mit denen er den Dom, und, da er schon einmal in der Gegend war, auch noch die vielen anderen Kapellen und Kirchen in Aachen zerstören wollte. Unterwegs nach Aachen traf er in Heiden einen Schusterjungen, der ein Dutzend Paar verschlissene Schuhe auf dem Rücken in die Schusterwerkstadt transportierte. Dem Teufel schmerzte schon der Rücken. Geografisch nicht auf der Höhe, fragte er den Jungen nach der Entfernung bis Aachen. Der pfiffige Knabe erkannte den Teufel an seinem Pferdefuß und antwortete: „Wie weit es ist, weiß ich nicht genau, aber die Schuhe, die ich auf dem Rücken trage, waren noch neu, als ich aus Aachen wegging, und nun sind sie alle verschlissen." Da warf der übermüdete Teufel völlig entmutigt und stocksauer die Steine mit einem lauten Fluch zu Boden. Seit dieser Zeit heißen sie Teufelssteine.

Der Teufel war in früheren Zeiten beim Volk nicht gerade ein Sympathieträger. Darum vermuteten die Leute bei unerklärlichen Vorgängen häufig, hier habe mal wieder Satan seine Finger (oder seinen Pferdefuß) im Spiel gehabt.

Die Teufelssteine, plattdeutsch Düwelsteene, sind die südwestlichste Megalithanlage der Trichterbecherkultur. Das Großsteingrab entstand etwa 3500 bis 2800 Jahre v. Chr.

In der Jungsteinzeit begannen die Münsterländer mit Ackerbau und Viehzucht. Sie gehörten zur Trichterbecherkultur, benannt nach den in einigen Gräbern gefundenen, trichterförmigen, verzierten Bechern. Die Trichterbecherkultur war zwischen etwa 4200 und 2800 v. Chr. im heutigen Norddeutschland, in den Niederlanden, im nördlichen Polen, in Dänemark und Südschweden verbreitet.

Die Teufelssteine in Heiden sind das südlichste Steinkammergrab Deutschlands, 70 bis 100 Kilometer abseits der anderen nördlichen Hünengräber im Emsland, in Drenthe und Osnabrück. Die Anlage in Heiden gehört zu den Gang- oder Hünengräbern, bei denen sich der Eingang an einer der beiden Längsseiten befand. Sie war etwa 11,5 Meter lang und zwei Meter breit und ursprünglich von einem Erdhügel bedeckt, der mit einem Steinkranz eingefasst war. Die Anlage wurde schon früh geplündert und später unsachgemäß rekonstruiert. Daher ist ihr ursprüngliches Aussehen nicht mehr herauszufinden. Ob dieses Heiligtum als schlichte gemeinsame Begräbnisstätte oder auch als Opferplatz diente, wird immer im Unklaren bleiben.

Klar ist aber, dass die Teufelssteine, in einem Ort namens Heiden gelegen, naturgemäß oftmals Anlass zu lustigen Scherzen sind …

3 Alpenromantik im Westmünsterland
Die Anholter Schweiz

Bei Isselburg, an der Grenze des Niederrheins zum Münsterland, liegt ein Stückchen Schweiz. Genauer: die Anholter Schweiz. Hier, im westlichen Zipfel des Münsterlandes, dicht an der holländischen Grenze, befindet sich das Wasserschloss Anholt. Einst als Wasserburg errichtet, liegen seine Ursprünge in einem Wehrbau aus dem 12. Jahrhundert.

Wie viele Wasserburgen im Münsterland entstand die Schlossanlage aus einer Motte, einer auf einem Erdhügel errichteten Burg, die nach und nach erweitert wurde. Burg Anholt ist seit 1647 Wohnsitz der Fürsten zu Salm-Salm. Die Anlage mit ihren vier Flügeln und dem dreiflügeligen barocken Vorbau ist eine der größten und eindrucksvollsten Wasserschlösser des Münsterlandes. Umgeben ist das Schloss von einer eindrucksvollen Parkanlage. Ein Teil davon ist der Landschafts- und Wildpark Anholter Schweiz, im Volksmund auch Leopoldspark genannt.

Eine Modeerscheinung des 19. Jahrhunderts war die Alpenromantik, die sich als Folge des Alpentourismus über Kunsthandwerk, Literatur und Malerei bis in die Gartenkunst verbreitet hatte. Damals wurden die Alpen gerne mit den schönen Bildern des Bergwaldes verbunden. Davon angeregt, erbaute Fürst Leopold zu Salm-Salm 1893 im südwestlichen Teil der Außenanlagen des Schlossparks im Stil eines englischen Landschaftsparks eine Nachbildung des Vierwaldstättersees, den Fürst Leopold über alles liebte. Sie sollte den Fürsten und seine Gemahlin Eleonore an ihre Hochzeitsreise erinnern. Dazu ließ Leopold einen See ausheben und in dessen Mitte eine Insel aufschütten. Darauf bauten Anholter Schreiner nach Entwurfszeichnungen einer Schweizer Fabrik ein zweigeschossiges Chalet, das Schweizer Haus.

Um in der münsterländischen Parklandschaft den Eindruck einer Bergwelt hervorzurufen, wurden Hügel angeschüttet, denen die Handwerker an den Uferbereichen Kalksandsteine vormauerten und dann naturnah – wie in der Schweiz, Felsformationen nachbauten. Auf diese Weise entstanden unter anderem zwei heute noch erkennbare Felsformationen am Vierwaldstättersee: die Rigi und der Pilatus. Die ganze Szenerie wurde dann mit Baumgruppen aus Tannen und Fichten bepflanzt, die in keiner Berglandschaft fehlen durften. Gestein und Holz kamen per Schiff und Pferdekarren ins Westmünsterland. Die offizielle Gründung und Namensgebung des Parks erfolgten durch Fürst Leopold am 24. April 1892. Der Leopoldspark war dann lange ein Wildgehege und ein beliebtes Jagdrevier mit dem Schweizer Haus als Zentrum.

Seit 1968 ist der Waldpark als Wildpark Anholter Schweiz für die Öffentlichkeit zugänglich. Zum 100. Jubiläum wurde der unter Denkmalschutz stehende Park mit seinen alpinen Staffagen zum 56 Hektar

Blick über die Nachbildung des Vierwaldstättersees auf das Schweizer Häuschen und die Felsformationen.

großen Biotopwildpark erweitert. Eine der Attraktionen ist der Anholter Bärenwald. Weiter findet man im Park Wölfe, Luchse, Damwild, viele Vogel- und Entenarten, Wildkatzen und Wildschweine. Hirsche, Rehe, Ziegen und Esel sind fast handzahm und dürfen von den Kindern gefüttert werden. Der Schrei der vielen Pfauen verfolgt den Besucher im ganzen Park, der mit seinen sechs Kilometern Sandwegen für einen Familienausflug bestens geeignet ist.

Das Haupthaus der Burg beherbergt ein Museum, das die große Gemäldesammlung der Fürstenfamilie zeigt, außerdem eine Sammlung historischer Porzellan- und Möbelstücke. Zu besichtigen ist außerdem die Bibliothek mit 7.000 meist wertvollen Bänden.

4 Rosarote Exoten im Zwillbrocker Venn
Die nördlichste Flamingokolonie der Welt

Pferde und Kühe im Münsterland. Na klar, jede Menge. Sogar wildlebende Hochlandrinder. Aber Flamingos im Münsterland? Unsinn! In dieser Gegend gibt es sie nur im Zoo. Oder – doch, tatsächlich, Flamingos! Die norddeutsche Tiefebene als Heimat subtropischer Vögel. Was machen die hier und wo kommen die her?

Wer es noch nicht weiß, stellt solche oder ähnliche Fragen, wenn er zum ersten Mal die Stars in den Mooren und Heiden des Naturschutzgebietes Zwillbrocker Venn beobachten kann. Hier im westlichen Münsterland, direkt an der niederländischen Grenze, befindet sich die einzige Flamingo-Brutkolonie in Mitteleuropa. Vor fast 40 Jahren entdeckten einige Flamingopaare auf ihrer Suche nach einem neuen Zuhause für die Familie den See im Zwillbrocker Venn. Den fanden sie klasse. Schön moorig, flach wie ein Spülbecken, wie gemacht für ihre langen, dünnen Beine und sogar eine Insel mittendrin, ideal für die Brutnester. Dieser romantische Ort für die Balz sprach sich bei den Vögeln schnell herum und so kamen immer mehr in das ehemalige Moorgebiet. Mittlerweile kommen sie sogar schon in der zweiten oder in der dritten Generation – ein Paradebeispiel für eine gelungene Integration.

Jedes Jahr ist ab März in Vreden Pink die Modefarbe. Dann kehren die Flamingos aus ihren Winterquartieren zurück und verbringen zwischen Heideblüten und Moorschnucken ihren Sommer und fühlen sich pudelwohl.

Richtig sportlich wird es Ende April. Dann ist nämlich flirten, kokettieren und ranmachen angesagt. Flamingos balzen aber nicht einzeln, sondern in Gruppen. Die Vorstellung ist der rhythmischen Sportgymnastik nicht unähnlich. Die paarungswilligen Schönhälse tanzen und balzen synchron, nach Leibeskräften. Ist dann noch etwas Kraft übrig, folgt die Paarung. Danach kehrt auch für die Flamingos der graue Alltag zurück. Nester müssen gebaut und der ständig hungrige Nachwuchs großgezogen werden.

Der Sommerwohnsitz im westlichen Münsterland ist einmalig, denn die nächsten Flamingokolonien befinden sich in der Camargue in Südfrankreich, in Spanien und auf der Insel Sizilien. Für einen Verwandtenbesuch müssen die Zwillbrocker Flamingos also weit fliegen, das will gut geplant sein. Drei Arten sind im Münsterland zu Hause: der karibische Flamingo, der Chile-Flamingo und der große Flamingo. Man teilt sich Nistplatz, Futter und manchmal sogar den Partner.

Bis heute wurden viele Überlegungen angestellt, was die rosa Vögel dazu bewegt hat, ausgerechnet im niederdeutschen Sumpf ihre Nachkommen aufzuziehen. Es ist möglich, dass die Vögel aus einer Gruppe stammen, die ihr Winterquartier an der niederländischen Nordseeküste aufgeschlagen hatte und sich dann Ende der 70er-Jahre, warum auch immer, weiter in Richtung Norden bewegt hat. Für die

Trügt der Morgennebel die Sinne? In Europa ist der Flamingo in Südspanien und in der Camargue in Südfrankreich verbreitet – und im Zwillbrocker Venn im Münsterland.

Chilenen und Kubaner wäre der Weg bis ins Münsterland definitiv zu weit. Es könnte sein, dass sie aus einem Zoo entflogen sind. Bei den großen Flamingos wäre ein Umzug aus ihrer Heimat wie Kasachstan oder Südeuropa ins Zwillbrocker Venn aber durchaus denkbar. Vielleicht sind die Vögel auch ihren Privatbesitzer entwischt oder sogar ausgesetzt worden. Wie dem auch sei, heute verbringen etwa 50 Flamingos ihre Zeit im münsterländischen Sommerquartier. Wer die schönen Vögel beobachten möchte, hat jedes Jahr bis August Zeit – dann ist es wieder vorbei mit der rosa Pracht. Die Flamingos ziehen weiter in die milderen Regionen Südhollands, zum Ijssel- und Veluwemeer und ins niederländische Rheindelta, um dort zu überwintern.

Übrigens: Ihre rosa Federn bekommen die Vögel durch ihre Lieblingsspeise, kleine Krebstiere, die es auch im Zwillbrocker Venn gibt. Sie enthalten viel Carotinoide, die das Gefieder rosa färben. Bei den ersten Zoo-Flamingos war das noch unbekannt. Verwundert wurde beobachtet, dass die bunten Vögel zwar fit blieben, aber weiß-grau wurden. Mit Carotin-Tabletten konnte der kosmetische Mangel dann schnell wieder behoben werden.

Ach ja, bitte das Zwillbrocker Venn nicht mit dem Hohen Venn in der Eifel verwechseln. Rosa ist dort nur die *subcollina*, die Falsche Hundsrose.

5 Mittelalter zum Anfassen
Der Folterturm in Davensberg

Minnesänger und anmutige Burgfräulein, edle Ritter in ihren kühnen Burgen, gebaut auf wilden Felsen – das sind begeisternde Ansichten der Kultur des Mittelalters. Aber die Zeit der Kreuzzüge, der mächtigen Kaiser und Könige war ganz bestimmt nicht immer eine behagliche Zeit. Das unruhige Mittelalter beinhaltet auch grausame Kapitel der Menschheitsgeschichte.

Am Ortsrand von Davensberg, dem kleinsten Teil der Gemeinde Ascheberg, stand einst die mächtige, weithin berüchtigte Burg Davensberg. Die Burg wurde 1263 als *castrum* erstmals urkundlich erwähnt. Die ältesten Inhaber waren die Herren von Meinhövel. Die Burganlage kam 1320 in den Besitz der Edelherrenfamilie von Büren, die um 1360 auch den Gesamtbesitz erwarb. Im Jahre 1589 ging die Burg an die Familien Wolf zu Füchteln und Morrien zu Nordkirchen über, 1736 dann ganz an die Morrien.

Um 1750 setzte der allmähliche Verfall der Burg ein. Seit Jahrhunderten sind die Gräben und die Herrenhausinsel, die früher mit hohen Mauern umgeben waren, eingeebnet. Vom Burggebäude ist nur noch der im 16. Jahrhundert aus Fels und Backstein errichtete runde Burgturm erhalten. Er ist 30 Meter hoch und hat zwei Meter dicke Mauern. Von ihm aus wurde früher die Vorburg und die Brücke zur Oberburg bewacht. Im Sockel sieht man noch Schießscharten mit hoher Schlitzform. Im Obergeschoss wurde unter gotischem Kreuzrippengewölbe Gericht gehalten.

Im Laufe seiner langen Geschichte diente der Burgturm in Davensberg auch als Gefängnis. Beim Betreten des Turms gelangt der Besucher in einen dunklen Raum mit rohen Wänden. Hier steht ein Folter- bzw. Streckbett aus schwerem Eichenholz mit einer Vorrichtung am Fußende, um den Gefangenen, wie man damals sagte, zu stocken und zu flocken. Im Boden des Raumes befindet sich eine Luke, die in das untere, sechs Meter tiefe Verlies führt, wo die Gefangenen mit eisernen Halsbändern und Ketten an die Mauer gefesselt auf ihre Verurteilung warteten. Dieser Raum ist finster und feucht. Hier hat so mancher Häftling, nicht selten auch unschuldig, bei Wasser und Brot ein elendes Dasein geführt, während auf der Burg beim Dobbelspiel mit Bier oder Wein gefeiert wurde. Davensberg war Sitz des Gogerichtes zu Werne. In der Zeit der Hexenverfolgung fanden hier im 16. und 17. Jahrhundert 55 Prozesse gegen Hexen und Zauberer statt. Alle wurden, selbst für die damaligen Verhältnisse, erbarmungslos durchgeführt. Die Urteile sollen so hart gewesen sein, dass die Menschen noch 200 Jahre später glaubten, böse Geister und Tote spukten hier. Die meisten der Gerichtsentscheidungen führten zu Hinrichtungen. Die bedauernswerten Kreaturen wurden vor ihrem grausamen Verbrennungstod im Davensberger Wehrturm gefoltert.

Bei dem bettähnlichen Möbel, das in der ehemaligen Folterkammer über dem Verlies aufbewahrt wird, handelt es sich um ein im mittelalterlichen Strafvollzug weitverbreitetes Folterwerkzeug, den sogenannten Stock. Gefertigt aus schweren Eichenbrettern, diente er der Festsetzung Gefangener.

Der Burgturm in Davensberg ist das Tor zur Davert, dem Naherholungsgebiet zwischen Münster und Davensberg. Heute geht es in dem historischen Gebäude friedlich zu. Hier ist das Heimatmuseum Davensberg untergebracht, in dem alte bäuerliche Kulturgeräte ausgestellt werden. Die Mitglieder des Heimatvereins bieten nach telefonischer Absprache Führungen durch den Burgturm an, einschließlich eines Aufenthaltes in der Folterkammer. Ängstliche Besucher können beruhigt werden: Bisher sind alle Gäste, den Gruselsagen zum Trotz, wieder heil zurückgekehrt. Nicht unerwähnt bleiben soll, dass sich im Heimatmuseum neben dem Folterraum auch ein Trauzimmer befindet …

6 Das Liebesboot vom Aasee
Die Schwanen-Dame „Petra"

Pjotr Iljitsch Tschaikowsky gab der Welt den „Schwanensee", William Butler Yeats verfasste das Sonett „Leda und der Schwan". Aus Münster kam 2006 Deutschlands Beitrag zur Wasservogellegende: Der Schwan und das Tretboot. Hauptdarsteller waren „Petra", ein seltener australischer schwarzer Schwan, und ein gewöhnlicher deutscher weißer Schwan. „Petra" war eine Attraktion, denn die Schwäne in Deutschland und Europa sind weiß.

Die schwarze Schwanendame fand auf dem Aasee in Münster ihre große Liebe. Doch wie in allen richtigen Romanzen ist die Liebe blind. Ihr Angebeteter war ein Plastiktretboot in Schwanenform. „Petra" hatte ihr Herz an ein Schiff verloren, das sich stundenweise an Gäste des Aasees vermietet. Das störte „Petras" Leidenschaft für das Boot kein bisschen. Die Affäre begann im Frühjahr, als der Schwan begann, dem Boot auf dem See zu folgen. „Petra" wich ihrem Angebeteten nicht mehr von der Seite und wachte eifersüchtig über ihn. Sie umkreiste ihren Plastikbegleiter, starrte ihn endlos an und machte krächzende Geräusche. Wer sich dem Tretboot näherte, wurde von ihr wütend angefaucht. Ihre Verhaltensweisen, so sagten die Biologen, zeigten die typischen Anzeichen eines verliebten Schwans. Alle Bemühungen, die schöne Schwanendame von ihrem herzlosen Plastikpartner zu trennen, scheiterten. „Petra" verfolgte das Boot weiter, unbeeindruckt von den echten Schwänen, die auf dem Aasee herumpaddeln, und ebenso unbeeindruckt von den Journalisten und Fernsehteams aus aller Welt, die sich in andere, weniger attraktive Tretboote drängten und hinter dem seltsamen Paar herstrampelten.

Als der Sommer zu Ende ging, weigerte sich der liebeskranke schwarze Schwan, das zu tun, was er eigentlich tun sollte – in ein wärmeres Gefilde zu fliegen, wo Flüsse und Seen nicht zugefroren sind, damit er Nahrung finden kann. Zumindest wollte er nicht allein fliegen. Und seinem Tretbootliebhaber fehlten zum Abheben die technischen Voraussetzungen.

Aber es kam für die beiden noch schlimmer, denn der Plastikschwan sollte, wie jedes Jahr im Herbst, mit seinen Arbeitskollegen aus dem Wasser genommen werden, um Frostschäden zu vermeiden. Die Mitarbeiter des örtlichen Allwetter Zoos hatten Mitleid mit der Notlage des australischen Vogels und machten Platz für den schwarzen Schwan und ihr geliebtes Tretboot in einem geschützten Teich im Elefantengehege. Hier war das ungleiche Pärchen besser geschützt als im winterlichen See, wo die Temperaturen regelmäßig auf Minuswerte fallen.

Die Wildtierexperten hofften, dass „Petra" das Interesse an ihrem Boot verliert, wenn sie die anderen schwarzen Schwäne, die im Zooteich leben, kennenlernt, zumal es vier Singles darunter gab. „Petra" weigerte sich jedoch, fremdzugehen. Sie entschied sich, die Paddel-Kumpel-Beziehung fortzusetzen und als anständiges Beispiel

„Petra" und ihr Tretboot. Ein Foto aus glücklichen Tagen.

für Monogamie zu dienen, weil Schwäne ja in ihrem Leben nur einen Partner wählen.

Der Winter ging vorbei und das Paar wurde zurück auf den Aasee gebracht, auf dem „Petra" ihrem Schwan wiederum den ganzen Sommer nicht von der Seite wich. Wieder im Winterquartier, duldete „Petra" erstmals einen lebendigen Schwan neben sich. Anfang Dezember 2007 war auf dem Zooteich ein weißer, gefiederter Höckerschwan aufgetaucht, der „Paul" genannt wurde. Er flirtete unermüdlich mit dem schwarzen Trauerschwan. Beide nahmen gemeinsam ihre Mahlzeiten ein, waren unzertrennlich und bauten zusammen ein Nest. Das Tretboot bewahrte währenddessen sein Plastikgesicht und war offenbar nicht allzu betroffen über das ehebrecherische Verhalten seiner Partnerin. Die Geduld des Bootes zahlte sich schließlich aus, denn die Liaison war nicht von langer Dauer. „Paul" ließ „Petra" im Winterquartier zurück und flog zu einem anderen Teich im Zoo. Vielleicht hatte er gemerkt, dass beide kein echtes Artenpaar sind. Oder hatte „Petra" zu viel von ihrem „Ex" erzählt? Welcher Mann möchte schon die endlosen Geschichten seiner Freundin darüber hören, wie großartig ihre erste Liebe war? „Petra" war nach der gescheiterten Romanze stocksauer abgereist, zumal ihre Tretbootliebe inzwischen wieder an ihre Arbeitsstelle auf den Aasee geschleppt worden war. Ganz Münster begab sich vergebens auf die Suche nach dem schwarzen Schwan. „Petra" ist dann nach einigen Irrflügen in Osnabrück in einer Betreuungsstation für Wildvögel untergekommen. Dort hat sie einen neuen Partner gefunden. Ein männlicher Trauerschwan ist nun ihre neue Liebe. Mit ihm hat sie Nachwuchs bekommen, einen Sohn. Dem hat sie anscheinend ihre Vorliebe für außergewöhnliche Partner vererbt. Denn der Sohnemann ist mit einer Ente zusammen. Quintessenz der Geschichte: Ente gut – alles gut!

7 Ein Spaziergang durch das Universum
Der Borkener Planetenweg

Wie weit ist es von der Erde bis zur Sonne? Wie groß ist unsere Sonne und wie viele Planeten gibt es eigentlich in unserem Sonnensystem? Kein Atlas ist groß genug, um das Sonnensystem in seinem genauen Maßstab abzubilden. Die Entfernungen und Größen sind einfach zu gigantisch. Um astronomischen Laien die Dimensionen des Sonnensystems deutlich zu machen, gibt es glücklicherweise Planetenwege.

Um noch viele andere astronomische Fragen zu beantworten, haben die Sternfreunde Borken einen Planetenweg angelegt. Er bietet dem Interessierten eine sehr schöne Möglichkeit, per Spaziergang kosmische Entfernungen und Größenskalen innerhalb unseres Sonnensystems zu verstehen.

Hier durchreist der Besucher zu Fuß oder mit dem Rad unsere kosmische Heimat. Möglich ist dieser Spaziergang durch das Universum in einem originalgetreuen, begehbaren Modell des Sonnensystems. Im verkleinerten Maßstab von 1:1 Milliarde veranschaulicht der Planetenweg im münsterländischen Borken dem Besucher die unvorstellbaren Dimensionen. Das Licht legt pro Sekunde etwa 300.000 Kilometer zurück. Im Modell wären das gerade einmal 30 Zentimeter pro Sekunde. Der Wanderer kann daher im Modell das Sonnensystem mit Überlichtgeschwindigkeit durchreisen. Dabei legt er mit jedem Schritt eine Million Kilometer zurück. Die sechs Kilometer lange Wanderung beginnt an der Sonne, die sich gegenüber dem Parkplatz an der Pröbstinger Allee befindet. Die Planeten Merkur, Venus, Erde und Mars folgen maßstabsgetreu in kurzen Abständen. Das geht fix. Nun geht es zu den Planeten Jupiter und Saturn, die schon weiter auseinander liegen. Von dort aus verläuft der Weg in Zwei-Kilometer-Etappen weiter durch den Kosmos über Uranus und Neptun bis zum Pluto. Die Namen sind schlecht zu merken? Es gibt da einen Merksatz: „**M**ein **V**ater **e**rklärt **m**ir **j**eden **S**onntag **u**nseren **N**achthimmel".

Der zuletzt erwähnte Planet Pluto war viele Jahre einer von den großen Planeten unseres Sonnensystems. Am 24. August 2006 wurde der Arme nach einer neuen Definition des Terminus Planet eiskalt, wie seine Oberfläche, zum Zwergplaneten „degradiert". Seitdem besteht unser Sonnensystem nur noch aus acht Planeten.

Wer auf dem Borkener Planetenweg den Sternen im normalen, irdischen Spaziergängerschritt nachläuft, schafft den Weg von der Sonne bis zum Pluto bequem in etwa eineinhalb Stunden. An den einzelnen Stationen der Himmelskörper kann der Sternenreisende Informationen und Wissenswertes nachlesen. Am Ende der Strecke ist er an der Josek-Bresser-Sternwarte angekommen. Hier hat er die Gelegenheit, einen Blick in einen überwältigenden Himmel voller Sterne zu werfen, müsste aber dafür eine Nachtschicht einlegen.

Ob zu Fuß oder mit dem Rad, leichter ist der Kosmos nicht zu erkunden. Ideal

Die Station Sonnenkugel auf dem Planetenweg in Borken.

nicht nur für Amateur-Astronomen, sondern auch für das Wochenende mit den lieben Kleinen. Für Kinder und Jugendliche gibt es eine Planeten-Rallye. Wer möchte, kann an einem Planeten-Quiz teilnehmen. Nebenbei kann der Besucher im Freizeitpark Pröbsting am schönen gleichnamigen See spazieren gehen. Außengastronomie, Bootsverleih und ein gepflegtes parkähnliches Gelände lohnen den Besuch zusätzlich.

Der Planetenweg in Borken informiert uns über unser Sonnensystem im Weltraum. Es ist aber nicht das einzige Sonnensystem. Im Gegenteil: Es gibt noch viele Milliarden weitere Sonnensysteme in einem unermesslichen Raum.

8 Meine Lieder werden leben
Annette von Droste-Hülshoff

Anna Elisabeth Franzisca Maria Adolphina Wilhelmina Ludovica Droste-Hülshoff – so lautete ihr Taufname – wurde am 10. Januar 1797 am Familiensitz auf dem Wasserschloss Hülshoff zwischen Havixbeck und Roxel, unweit von Münster, geboren. Sie war das zweite von vier Kindern von Clemens August von Droste zu Hülshoff und Therese Luise.

Annette kam einen Monat zu früh auf die Welt und wurde von der Amme Catharina Plettendorf versorgt, mit der sie lebenslang eng verbunden blieb. Schon als Kind soll Droste-Hülshoff immer wieder von Krankheiten geplagt worden sein. Sie litt zeitlebens unter gesundheitlichen Problemen wie Migräne, Atemnot, Schlaflosigkeit, Rheuma, Schilddrüsenproblemen und qualvollen Augenproblemen. In der streng katholischen Familie wuchs sie wohlbehütet auf und wurde in der Enge und Geschlossenheit der Welt des westfälischen Adels erzogen. Ihre Mutter sorgte für den elementaren Unterricht, später unterrichteten verschiedene Hauslehrer Annette in alten Sprachen, Französisch, Naturgeschichte, Mathematik und Musik. Mit 15 Jahren wurde sie von Anton Matthias Spickmann unterrichtet, der bis 1819 ihr literarischer Mentor war.

Schon frühzeitig hatte sie Interesse an Poesie und begann als Kind zu schreiben, meist kleine Gelegenheitsgedichte und Verse für das Familienalbum. Sie wurde zu einer der bedeutendsten Dichterinnen Deutschlands und entwickelte sich auch zur Musikerin und Komponistin.

In ihrer Jugend entkam Droste-Hülshoff, abgesehen von kleineren Ausflügen in die Umgebung, selten der Enge des Elternhauses. Für etwas Abwechslung sorgten mitunter Besuche in Bökendorf bei Brakel. Auf Schloss Bökendorf hatten Verwandte ihrer Mutter, dic Familie von Haxthausen, ihren Sitz. Hier lernte sie unter anderem auch die Brüder August und Werner von Haxthausen und Wilhelm Grimm kennen und beteiligte sich an der Sammlung von Sagen, Märchen und literarischer Folklore. Der Bökerhof war aber auch Schauplatz von Droste-Hülshoffs sogenannter Jugendkatastrophe, einer unglücklichen Beziehung zu dem Göttinger Jurastudenten Heinrich Straube.

Nach dem Tod ihres Vaters zog Annette 1826 mit ihrer Mutter und ihrer Schwester in ein kleines Landhaus namens Rüschhaus, gebaut vom berühmten westfälischen Architekten Johann Conrad Schlaun. In der Abgeschiedenheit lebte Droste-Hülshoff ein einfaches, zurückhaltendes Leben. Sie zog sich in ihr Schneckenhäuschen, wie sie ihr Wohnzimmer nannte, zurück, um zu schreiben, zu lesen und zu dichten. Neben drei Rheinreisen waren ihr einziger Ausbruch aus dem Käfig von Anstand und Sitte ihre Reisen an den Bodensee. Hier besaß ihr Schwager, der Freiherr Joseph von Laßberg, das Schloss Meersburg. In den letzten sieben Jahren vor ihrem Tod wohnte Annette von Droste-Hülshoff vorwiegend dort.

Annette von Droste-Hülshoff auf einem Gemälde von Johann Joseph Sprick (1838).

Im Jahr 1840 schloss Annette eine platonische Freundschaft mit dem Schriftsteller und Journalisten Levin Schücking, der sie dazu anregte, 1842 ihre Novelle „Die Judenbuche" zu veröffentlichen. Er war es auch, der ihr empfahl, sich auf die Lyrik zu konzentrieren, deren Meisterin sie wurde. Unter seiner Inspiration entstand in Meersburg ein Großteil ihrer „weltlichen" Gedichte. Ihre Lyrik umfasst ein breites Spektrum. Sie enthält Idyllen, Balladen, Naturgedichte, Bekenntnislyrik, allegorische und stark symbolhafte Gedichte und auch Gelegenheitsdichtungen. Annette von Droste Hülshoff gilt als Brücke zwischen der Romantik des frühen 19. Jahrhunderts und dem Trend zum Realismus der späteren Jahrzehnte.

Zu dieser Zeit war ihr dichterisches Werk so gut wie unbekannt. Vielen ihrer (männlichen) Zeitgenossen war eine dichtende Frau schlicht suspekt. Heute ist sie eine der bedeutendsten Lyrikerinnen der deutschen Literatur. Sie verstarb am 24. Mai 1848 im Alter von 51 Jahren auf Schloss Meersburg am Bodensee, vermutlich an einer Lungenentzündung. Kurz zuvor hatte sie in einem Brief notiert: „Ich mag und will jetzt nicht berühmt werden, aber nach hundert Jahren möchte ich gelesen werden." Dazu dichtete sie: „Meine Lieder werden leben / Wenn ich längst entschwand". Ihr Wunsch ging in Erfüllung!

9 Die Nachtigall von Gronau
Udo Lindenberg

Die „Nachtigall von Gronau", wie sich Udo Lindenberg selbst gerne nennt, erblickte am 17. Mai 1946 in der münsterländischen Kleinstadt das Licht der Welt. Seine Eltern waren Hermine und Gustav Lindenberg. Der kleine Udo kam früh zur Musik, mit zehn Jahren startete er erste Trommelversuche auf Benzinfässern.

Zu Beginn der 1960er-Jahre spielte Lindenberg in verschiedenen Jazzbands und kam 1968 nach Hamburg, wo er Inga Rumpf, eine weitere einflussreiche deutsche Rocksängerin, kennenlernte. In deren Folklore-Truppe „City Preachers" spielte Lindenberg zeitweise Schlagzeug. Gemeinsam mit Marius Müller-Westernhagen und Otto Waalkes wohnte er in der legendären WG Villa Kunterbunt.

Nach der Gründung seiner ersten Band „Free Orbit" im Jahre 1969 arbeitete Lindenberg mit dem renommierten Jazz-Saxophonisten Klaus Doldinger und dessen Band „Passport" als Schlagzeuger zusammen. Danach begann er deutsche Texte zu schreiben und veröffentlichte 1972 sein deutsches Debüt „Daumen im Wind". Ein Jahr später gelang dem Sänger mit der unverwechselbaren Näselstimme mit seinem nächsten Album „Alles klar auf der Andrea Doria" der Durchbruch in Deutschland. Lindenberg wurde zur aufregendsten Entdeckung im deutschen Rock. Weitere erfolgreiche Alben in den 1970er-Jahren waren „Votan Wahnwitz" (1975), „Panische Nächte" (1977) und „Dröhnland Sinfonie" (1978), die ihn fest als eine der größten deutschen Rock-Ikonen etablierten.

Ende der 1970er-Jahre begann ein neuer Abschnitt seiner Karriere. Er entdeckte Ulla Meinecke, die zu einer der erfolgreichsten deutschen Liedermacherinnen wurde, und veröffentlichte sein erstes Buch „Hinter all den Postern". 1980 führte er Regie und spielte die Hauptrolle in seinem ersten Film „Panische Zeiten", einer Komödie über einen Rocksänger, der von einem Regierungsagenten entführt wird. Nach einem weiteren Buch, „Rock und Rebellion: Ein Panisches Panorama", bemühte er sich um eine Tournee durch die DDR, wo er Kultstatus genoss. Abgesehen von einem Konzert 1983 in Ost-Berlin im Rahmen einer FDJ-Friedensveranstaltung im Palast der Republik wurde eine für 1984 geplante Tournee schließlich von den DDR-Gewaltigen abgesagt. Als Reaktion auf die Ablehnung verfasste Lindenberg einen deutschen Text mit der Melodie von Glenn Millers Swing-Klassiker „Chattanooga Choo Choo" mit dem Titel „Sonderzug nach Pankow", das zu einem seiner bekanntesten Songs wurde.

Mitte der 1980er-Jahre machte er immer mehr die Politik zu seinem Thema. Er interviewte den deutschen Ex-Kanzler Willy Brandt zur Nord-Süd-Kommission, nahm an den Live-Aid-Konzerten teil, tourte durch die UdSSR und begann einen Briefwechsel mit DDR-Parteichef Erich Honecker. Lindenberg schenkte ihm 1987 eine Rocker-Lederjacke, eine mittlerweile legendäre symbolische Geste.

Nach der Veröffentlichung seiner Autobiografie „El Panico“ 1989 erhielt er das Bundesverdienstkreuz am Bande.

In den 1990er-Jahren tauchte Lindenberg in den Mainstream der Popmusik ein und sein Songmaterial wurde kommerzieller. Andere deutsche Bands und Sänger ehrten ihn bei seinem 25. Tour-Jubiläum, indem sie ihre eigenen Versionen seiner Songs aufführten. Mit dem Studioalbum „Stark wie Zwei“ landete Lindenberg 2008 auf dem ersten Platz der deutschen Albumcharts. Weitere Erfolgstitel waren „Mein Ding“ und „Cello“. Neben der Musik machte er eine zweite Karriere als Maler, mit umfangreichen Ausstellungen. Der deutsche Spielfilm „Lindenberg! Mach dein Ding“ aus dem Jahre 2020 beschreibt den Weg des Musikers mit dem Hut, der dunklen Brille und der markanten Stimme aus der Provinz bis auf die ganz großen Bühnen Deutschlands.

Heute ist Udo Lindenberg einer der einflussreichsten deutschen Rocksänger. Er ist eine lebende Legende, Urgestein, eine Kunstfigur deutscher Musikgeschichte und gilt als Wegbereiter für viele deutsche Künstler. Er war der Erste, der zeigte, dass Rockmusik mit deutschen Texten möglich ist und sogar international erfolgreich sein kann. Mach Dein Ding!

In seiner Heimatstadt Gronau wurde der „Nachtigall“ ein Denkmal gesetzt.

10 Gruseln inklusive
Das Naturschutzgebiet Venner Moor

Annette von Droste-Hülshoff ist nicht weit entfernt vom Venner Moor aufgewachsen. An die Landschaft mag sie sich erinnert haben, als sie 1842 in der Gedichtsammlung „Haidebilder" die berühmte Ballade „Der Knabe im Moor" veröffentlichte. „O schaurig ist's übers Moor zu gehen", heißt es in dem Gedicht über den Jungen, den es auf seinem Weg nach Hause gruselt, er empfindet das Moor als einen gefährlichen, finstereren Ort.

Seit Urzeiten ranken sich dunkle Geschichten und Mythen um das Moor, um Moorgeister und andere Phänomene. Würde eine Kulisse für einen Kriminalfilm einschließlich einer Moorleiche gesucht – das Venner Moor böte beste Voraussetzungen. Es ist sumpfig und abgelegen. Sogar bei Sonnenschein ist das Wasser dunkel gefärbt, es wirkt unnatürlich und lässt eine mystische Stimmung aufkommen, die von den Gebrüdern Grimm nicht besser hätte beschrieben werden können. Die alten Torfstiche mit ihren dunklen Wasserflächen lassen ahnen, wie furchteinflößend und gruselig das Venner Moor einst auf die Menschen gewirkt haben muss, als es noch viel größer war.

Es existiert aber auch eine andere Seite des Moores: friedliche Stille und unberührte Natur in einem einmaligen Lebensraum. Das Naturschutzgebiet Venner Moor ist ein Stück Münsterland, das über 6.000 Jahre alt ist und beinahe wegen Torfstich und Kanalbau völlig verschwunden wäre. Es liegt in der Gemeinde Senden im Kreis Coesfeld und umfasst eine Fläche von rund 148 Hektar, etwa noch die Hälfte seiner ehemaligen Größe. Entwässerungen und Torfabbau führten vor allem in den letzten 150 Jahren zu einem Rückgang des wachsenden Moores, bis die mächtigen Torfauflagen ganz verschwanden. Im Mittelalter diente der Torf als Brennmaterial. Die älteste urkundliche Erwähnung des Torfabbaus hier stammt aus dem Jahr 1575. Noch 1890 war die Torfgewinnung für viele Haushalte der umliegenden Gemeinden ein wichtiger Erwerbszweig.

Der Bau des Dortmund-Ems-Kanals um 1895 war Ursache für eine zusätzliche Trockenlegung und führte zu einer tiefgreifenden Zerschneidung des Venner Moores. In den 1970er-Jahren wurden die Torfstiche durch Abdichtung von Entwässerungsgräben verschlossen und dadurch das Moor wieder vernässt. Es regeneriert sich zunehmend, sodass sich Torfmoose und Wollgräser langsam wieder ausbreiten können und sich das Venner Moor ganz langsam an seinen ursprünglichen Zustand annähern kann.

Moore sind heute einer der letzten Zufluchtsorte für seltene Tiere und Pflanzen. Es gibt im Venner Moor keine Moorleichen, aber Moorfrösche und Maulwurfsgrillen, Libellen, Spinnen, Fledermäuse und verschiede Vogelarten. Neben der ungefährlichen Ringelnatter ist hier auch die Kreuzotter, die einzige hierzulande vorkommende Giftschlange,

Im Jahre 2002 wurde im Venner Moor eine Moorleiche entdeckt. Aber nur im Film, für den ersten Münster-„Tatort".

zu Hause. Vom Wanderer bleibt sie meist unentdeckt, es sei denn, sie nimmt gerade einmal ein Sonnenbad. Trotz ihres markanten schwarzen Zickzackbandes ist sie ein Meister der Tarnung und verschwindet schon bei der kleinsten Erschütterung. Zu den floristischen Seltenheiten gehört der Grönländische Porst, der in Nordrhein-Westfalen nur hier vorkommt. Besonders beeindruckend ist der fleischfressende Sonnentau.

Das Venner Moor gilt seit Langem als beliebtes Ausflugsziel für Radler und Wanderer. Das Naturschutzgebiet ist durch mehrere Wanderwege gut erschlossen. Die historischen Romane „Der Moorkönig" und „Die Rückkehr des Moorkönigs" der münsterländischen Autorin Eva Maaser nehmen ihren Ausgangspunkt in der Landschaft des Venner Moores.

Im Jahre 2002 wurde das Venner Moor als geheimnisvoller Ort einem großen Publikum bekannt. Hier entstanden Szenen zu dem ersten „Tatort" aus Münster: „Der dunkle Fleck". Im Film wurde eine Moorleiche entdeckt. Die Wahrscheinlichkeit, auf Moorleichen zu treffen, ist für den Besucher des Venner Moores ziemlich gering. Aber mit Moorfröschen kann er schon rechnen.

Und – nicht verwechseln! Es gibt nämlich noch ein Venner Moor. Das liegt in der Nähe von Osnabrück, bei Ostercappeln-Venne. Dort ist es auch schön, aber es ist eine Autostunde entfernt – und liegt nicht im Münsterland, sondern in Niedersachsen.

11 Die Friedensstadt Münster
Ein Ort mit historischem Erbe

Der Dreißigjährige Krieg, in den fast alle europäischen Mächte verwickelt waren, war ein Bündel aus unterschiedlichen konfessionellen, verfassungs- und mächtepolitischen Konflikten. Er war einer der zerstörerischsten Kriege in der Geschichte Europas und begann 1618 mit dem Prager Fenstersturz.

Ursache für den Dreißigjährigen Krieg waren die Versuche der österreichischen Habsburger, ihren protestantischen Untertanen in Böhmen den römischen Katholizismus aufzuzwingen. Der Krieg stellte Protestanten gegen Katholiken, das Heilige Römische Reich gegen Frankreich, die deutschen Fürsten gegeneinander und gegen den Kaiser und Frankreich gegen die Habsburger. In den Krieg mit hineingezogen wurden die Schweden, die Dänen, die Polen, die Russen, die Holländer und die Schweizer. Die anfänglichen Siege der kaiserlich-spanisch-katholischen Seite in den 1620er-Jahren hatten sowohl die Interventionen Dänemarks in den 1630er-Jahren als auch Schwedens zur Folge. Frankreich, das bis dahin nur Unterstützungszahlungen an seine Verbündeten geleistet hatte, setzte, als der Kaiser 1634 nochmals zu siegen drohte, eigene Truppen ein. Die Streitkräfte der Franzosen und Schweden konnten in den 1640er-Jahren die erschöpften spanischen und kaiserlichen Truppen zurückdrängen. Der Krieg wurde größtenteils auf deutschem Boden geführt. Das Land wurde verwüstet, da Horden von Söldnern, die von ihren Herren nicht bezahlt wurden, als Armeen umhermarschierten und dabei Städte, Dörfer und Bauernhöfe plünderten und zerstörten. („Der Krieg ernährt den Krieg", Zitat aus Friedrich Schillers „Wallenstein"-Trilogie). Als 1648 die Besetzung Bayerns und Österreichs drohte, schloss der Kaiser Frieden.

Der Westfälische Friede, der in den Rathäusern der benachbarten Städte Münster und Osnabrück ausgehandelt wurde, beendete eine katastrophale Periode der europäischen Geschichte, der etwa acht Millionen Menschen zum Opfer fielen. Das Münsterland war während der Kriege ein Nebenschauplatz geblieben, Münster selbst kaum zerstört und dadurch ein neutrales Terrain für die Verhandlungen. Münster als katholisch-kaiserliche Stadt versammelte die katholischen Mächte, im konfessionell offenen Osnabrück verhandelten die Protestanten.

Die Friedenskonferenz wurde im Dezember 1644 eröffnet. Sie umfasste nicht weniger als 194 Staaten, von den größten bis zu den kleinsten, vertreten durch 179 Bevollmächtigte. Es gab Tausende von Hilfsdiplomaten und Hilfspersonal, die untergebracht, trotz der Hungersnot im Land fast vier Jahre lang bewirtet und durch Gaukler und Akrobaten bespaßt werden mussten.

Die Friedensverhandlungen waren äußerst schwierig und langwierig und standen mehrmals vor dem Scheitern.

Während der Krieg weiter lief, mussten sich die Kriegsgegner neben anderen Konfliktpunkten über drei große Streitfragen

Die Beschwörung des Spanisch-Niederländischen Friedens im Rathaus zu Münster auf einem Bild von Gerard ter Borch.

einig werden. Eines der Themen war das Verhältnis zwischen dem Kaiser und den Reichsständen, das neu festgelegt werden musste. Das zweite Problem war die Regelung der Verhältnisse zwischen den einzelnen europäischen Mächten und schließlich musste die Beziehung zwischen Protestanten und Katholiken geordnet werden.

Nach der Unterzeichnungszeremonie am Nachmittag des 24. Oktober 1648 hatte sich das Kräfteverhältnis in Europa radikal verändert.

Spanien verlor nicht nur die Niederlande, sondern auch seine beherrschende Stellung in Westeuropa. Frankreich war jetzt die westliche Hauptmacht. Schweden hatte die Kontrolle über die Ostsee. Die Vereinigten Niederlande wurden, wie auch die Schweiz, als unabhängige Republik anerkannt. Die deutschen Fürstentümer sicherten sich ihre Autonomie. Die Aussicht auf eine römisch-katholische Rückeroberung Europas wurde endgültig aufgegeben, und die wesentliche Struktur des modernen Europas als Gemeinschaft von souveränen Staaten wurde gegründet. Die großen Verlierer waren Kaiser und Papst, Frankreich und Schweden die Hauptgewinner des Krieges.

Zum ersten Mal in der Geschichte Europas wurde ein Konflikt nicht durch militärische Gewalt, sondern auf dem Verhandlungsweg beendet. Münster und Osnabrück sind somit zwei Orte der europäischen Friedensgeschichte.

12 Die Adlerträger in Schwarz-Weiß-Grün
SC Preußen Münster

Noch vor der Jahrhundertwende flog die Lederkugel von England, dem Mutterland des modernen Fußballspiels, über den Kanal auf das europäische Festland. So konnten noch vor Beginn des 20. Jahrhunderts auch in Deutschland junge Männer zum Entsetzen ihrer Umgebung ein primitives Bewegungsspiel betreiben, mit dem Ziel, einem runden Gegenstand hinterherzurennen und ihn dann sofort wieder wegzutreten. Sie nannten es Fußball.

Auch nach der Gründung des DFB im Jahre 1900 war das Fußballspiel in Deutschland noch längst nicht überall gesellschaftsfähig. Es hatte zu der Zeit in Deutschland einen Stellenwert wie heute Unterwasser-Rugby oder Rhönradturnen. Jedoch fand es trotz massiver Widerstände immer mehr Anhänger. Überall sammelten sich junge Burschen, um das „Deibelsspiel", wie es häufig von den Bürgern bezeichnet wurde, zu betreiben. Fußballvereine schossen nun wie Pilze aus dem Boden. Auch in Münster begann alles mit einer Schülermannschaft. Am 30. April 1906 wurde der FC Preußen Münster durch Schüler des heutigen Johann-Conrad-Schlaun-Gymnasiums gegründet. Der Terminus Preußen war damals ein häufiger Regionalbegriff im Vereinsnamen. Patriotische Gründe waren wohl der Anlass für die jungen Sportler, ihren neuen Verein so zu nennen. Seit dem Wiener Kongress 1815 war Münster preußisch und wurde 1816 Hauptstadt der preußischen Provinz Westfalen. Naheliegend war dann die Wahl des Preußischen Adlers als Wappentier. Die Vereinsfarben waren Schwarz-Weiß-Grün.

Zu Beginn hatte der Verein keinen eigenen Platz und spielte auf einem Exerzierplatz des Militärs in Loddenheide. Am 8. August 1907 wurde der FC Preußen Münster Mitglied des Westdeutschen Spielverbandes und startete in der dritten Spielklasse. Schon in der ersten Saison wurde der Verein Meister in seiner Spielklasse und stieg in die B-Klasse auf. Auch hier gelang auf Anhieb die Meisterschaft und damit der Aufstieg in die A-Klasse. In der Saison 1913/14 wurden die Jungs von der Loddenheide erstmals Westfalenmeister. Zwischen 1916 und 1926 spielte der Verein auf dem Münstermannplatz, der sich in der Nähe des heutigen Preußenstadions befand. Dort erlebte der FC Preußen Münster nach dem Ersten Weltkrieg einen entscheidenden Aufschwung. 1921 erfolgte dann die Umbenennung in SC Preußen Münster.

Ein weiterer Meilenstein in der Vereinsgeschichte war 1926 zum 20. Vereinsjubiläum der Umzug in das neue Stadion an der Hammer Landstraße, wo die Preußen noch heute ihre Heimspiele austragen. 1933 gehörten die Adlerträger der Gauliga Westfalen an, der höchsten deutschen Spielklasse, in der sie bis 1936 und nochmals von 1938 bis 1941 spielten. Nach dem Zweiten Weltkrieg konnten sich die Preußen in der damals erstklassigen

Am 30. Juni 1951 standen sich der 1. FC Kaiserslautern und Preußen Münster im Endspiel um die deutsche Fußballmeisterschaft im Berliner Olympiastadion gegenüber.

Oberliga West etablieren. Mit Siegfried Rachuba, Alfred Preißler, Rudolf Schulz, Felix Gerritzen und Josef Lammers verpflichtete der Verein eine Reihe sehr guter Spieler, die von der Presse als „Hunderttausend-Mark-Sturm" bezeichnet wurde. Felix „Fiffi" Gerritzen galt zusammen mit seinem kongenialen Sturmpartner Alfred „Adi" Preißler als Erfinder des Doppelpasses. Siegfried Rachuba ist bis heute Münsters erfolgreichster Erstligatorschütze aller Zeiten.

Die Investition in die Mannschaft zahlte sich aus, denn die Preußen standen 1951 vor 100.000 Zuschauern im Finale um die deutsche Fußballmeisterschaft im Berliner Olympiastadion. Die Mannschaft verlor das Endspiel mit 1:2. Die deutsche Vizemeisterschaft ist bis heute der größte Triumph der Vereinsgeschichte.

Preußen Münster war 1963 Gründungsmitglied der Bundesliga und damit früher erstklassig als der ruhmreiche FC Bayern München. Leider stiegen die Adlerträger nach einem Jahr wieder ab und kamen in der Regionalliga West nicht über ein Mittelmaß hinaus. Für die 1981/82 eingeführte eingleisige 2. Bundesliga konnte sich Münster nicht qualifizieren und wurde erstmals drittklassig.

Platz zwei reichte 1994 zur Qualifikation für die neu gegründete Regionalliga West/Südwest. Im selben Jahr gewann Münster die deutsche Amateurmeisterschaft nach einem 1:0 im Finale gegen Kickers Offenbach. Die Saison 2000/01 startete mit der zweigleisigen Regionalliga. Die Mannschaft wurde der Regionalliga Nord zugeteilt. Am Ende der Saison 2005/06, genau zum 100. Geburtstag des Vereins, stiegen die Preußen ab und wurden zum ersten Mal nach hundert Jahren Vereinsgeschichte viertklassig. In der Saison 2010/11 ging es wieder zurück in die 3. Liga. Nach zehn Jahren Drittklassigkeit stieg der SC Preußen Münster erneut in die viertklassige Regionalliga West ab. Damit endete die erneute Periode des Profifußballs bei den Adlerträgern.

13 Münsteraner Städtepartnerschaften
Ein Stück Außenpolitik im Kleinen

Wer mit der notwendigen Aufmerksamkeit durch die Lande fährt, dessen Blick wird wohl irgendwann einmal auf eine Ortseingangstafel fallen, auf der ein buntes Wappen und der Name einer fremden Stadt auf die Städtepartnerschaft einer Kommune hinweist. Nach dem Zweiten Weltkrieg wurden Städtepartnerschaften populär. Vom Wunsch nach Aussöhnung geprägt und als Reaktion auf die Kriegserfahrungen, bauten ehemalige Kriegsgegner Partnerschaften zwischen Städten und Gemeinden auf.

Im Laufe der Jahre hat sich die Bedeutung von Städtepartnerschaften verändert und weiterentwickelt. Sie sollen durch freundschaftliche Begegnungen und Austausch das gegenseitige Verständnis zwischen Bürgern der beteiligten Städte und Gemeinden fördern. Hinsichtlich des quantitativen und qualitativen Umfangs, der von dieser Bewegung ausgeht, erscheint es nicht übertrieben, die Städtepartnerschaften als größte Friedensbewegung der Welt einzuordnen.

Auch Münster hat Freunde auf der ganzen Welt. Die Partnerstädte sind:

York

Die Städtepartnerschaft mit der englischen Stadt York ist die erste und damit auch die älteste Städtepartnerschaft Münsters; sie besteht seit 1957. York und Münster sind zwei traditionsreiche Städte, zudem verbindet sie ihre kirchliche Prägung. Immer wieder gab es gemeinsame EU-Projekte. Es bestehen Kontakte zwischen Vereinen, Schulen und Universitäten.

Orléans

Wie Münster wurde die französische Stadt Orléans im Krieg zerstört und hat genau wie seine deutsche Partnerstadt das historische Stadtbild bewahrt. Diese Partnerschaft besteht seit 1960. Mit der Stadt im Loiretal besteht ein fundierter Schüleraustausch.

Monastir

Der Name der tunesischen Küstenstadt Monastir leitet sich ebenso wie der Name Münsters von dem lateinischen Wort für Kloster (*monasterium*) ab. Zudem entstanden sie fast zur selben Zeit im 8. Jahrhundert. Partnerstädte sind sie seit dem 11. März 1969. Das Bürgerhaus Bennohaus organisiert mit Unterstützung der Stadt immer wieder Projekte mit Monastir.

Fresno

Seit dem Juli 1986 ist Münster Partner der kalifornischen Stadt Fresno. Im Mittelpunkt steht der Jugendaustausch. Außerdem gibt es Kontakte in den Bereichen Musik und Sport, wie der zwischen dem Football-Verein Münster Mammuts und Fresno, sowie zwischen den Universitäten.

Rjasan

Die Partnerschaft zwischen der westrussischen Großstadt Rjasan und Münster besteht seit 1989. Beide Städte sind große Verwaltungsmetropolen und

Im Pflaster der Salzstraße in Münster befindet sich das Partnerstadt-Denkmal. Hier sind die Namen der Partnerstädte mit den Entfernungsangaben auf Messingplatten graviert, die als Striche einer Windrose in die Richtung der jeweiligen Partnerstadt zeigen.

Universitätsstädte, wodurch ein reger Austausch zwischen den Universitäten besteht. Regelmäßig werden Projekte zum Thema Behindertenarbeit und zu medienpädagogischen Themen durchgeführt.

Kristiansand

Seit 1967 besteht die Partnerschaft zwischen Münster und der südnorwegischen Stadt Kristiansand. Der Partnerschaftsverein Münster-Kristiansand bietet Norwegeninteressierten in Münster eine gute Plattform.

Gute Kontakte bestehen auch zwischen den Fußballteams sowie zwischen der Universität Münster und der Agder Universität in Kristiansand.

Rishon Le-Zion

Seit 1981 ist Münster mit der viertgrößten israelischen Stadt Rishon Le-Zion partnerschaftlich verbunden. Als Zeichen der Freundschaft kann man in Rishon auf dem Münster-Boulevard und in Münster auf dem Rishon-Le-Zion-Ring, dem ehemaligen Westring, spazieren gehen. Es gibt einen etablierten Schüleraustausch an der Friedensschule, einen erfolgreichen Jugendaustausch des Evangelischen Kirchenkreises sowie regelmäßige Projekte mit dem Bennohaus.

Lublin

Im November 1991 wurde die Partnerschaftsurkunde unterschrieben. Die größte polnische Stadt östlich der Weichsel und Münster verbindet ihre jahrhundertealte Geschichte. Außerdem prägen viele Studenten das Stadtbild beider Städte. Es gibt zwei stabile Schulpartnerschaften und immer wieder trinationale Projekte zusammen mit der Partnerstadt Rishon Le-Zion in Israel.

14 Der Vorfahre des Vollkornbrotes
Pumpernickel

Mit dem Namen „Heinrich Pumpernickel" verabschiedete sich Deutschlands erster Discjockey Chris Howland am Ende seiner legendären Fernsehsendung „Musik aus Studio B" in den 1960er-Jahren von seinen Hörern. Das Wort „Pumpernickel" fand er als Engländer besonders komisch. Aber woher kommt der zugegeben etwas merkwürdig klingende Name? Über seine Entstehung existieren zahlreiche Überlieferungen und Geschichten.

Ein französischer Soldat soll einer Legende nach beim Anblick des Brotes gesagt haben, es wäre gerade gut genug für sein Pferd Nicol: „Pain pour Nicol". Das klang für die Einheimischen wie Pumpernickel – der Name blieb. Der Haken dabei ist: Pumpernickel war schon lange vor Napoleon bekannt. Das Wort setzt sich aus „Pumper", das von dem alten Wort „pumpern" (furzen) abgeleitet ist, und „Nickel", eine Kürzung von Nikolaus, zusammen. Es war früher in der Form von Stinknickel ein Schimpfwort und bedeutete Stinkkerl. Auch ein Bäckermeister namens Nikolaus Pumper soll Namensgeber des schwarzen Brotes gewesen sein. Und wenn die Menschen gar keine Erklärung mehr parat hatten, musste, wie damals üblich, mal wieder der Teufel herhalten – er wurde gerne als „Pompernickel" bezeichnet.

Vor allem Auswärtige amüsieren sich über den Namen. Während der westfälische Schinken seit Jahrhunderten gerühmt wird, galt der Pumpernickel, auch „Swattbraut" (Schwarzbrot) genannt, anfangs fremden Besuchern als ungenießbar und als Speise der armen Leute. Schon im 16. Jahrhundert bedauerte der niederländische Humanist Justus Lipsius das Land des dichten, fast schwarzen, krustenfreien Brotes mit der leicht süßlichen Note: „Welch armes Volk, das seine Erde essen muss."

Conte Chigi, päpstlicher Nuntius beim Friedenskongress in Münster, sprach vom kaum genießbaren gotischen Brot als Speise für die Ärmsten, das nur mit einem Handbeil von einem großen Laib herunterzuhauen ist.

Der Pumpernickel errang aber mit der Zeit Wertschätzung als bekömmliche und gesunde Brotsorte. Um 1800 schrieb der französische Theologe Guillaume-André-René Baston in seinen „Erinnerungen": „Es ist üblich, den Pumpernickel in dünnen, flachen Scheiben aufzutragen. Er kommt auf den besten Tisch und es gibt keinen noch so vornehmen und reichen Westfalen, der ihn nicht mehr oder weniger oft isst …". Der letzte münsterische Fürstbischof Max Franz aus dem Hause Habsburg ließ ihn sich sogar nach Wien liefern.

Pumpernickel wird aus Roggen hergestellt, der auf den sandigen Böden des Münsterlandes besonders gut wächst. Daher ist er gerade im westfälischen Raum so stark verbreitet. Der Pumpernickel war bis ins 20. Jahrhundert hinein im ländlichen Westfalen vor allem bei den Bauernfamilien ein Grundnahrungsmittel. Heute ist er neben dem westfälischen Schinken eines der Aushängeschilder der münsterländischen Küche. Pumpernickel gilt heute als Delikatesse und wird, auch wegen seiner langen Haltbarkeit, weltweit exportiert.

Die Herstellung von Pumpernickel ist mit einer besonders langen Backzeit verbunden. Es besteht ausschließlich aus Schrot und dem vollen Korn des Roggens. Damit die Körner backfertig werden, müssen sie zuerst in heißem Wasser aufgequollen werden. Dann wird es bei einer Ofentemperatur von 200 Grad in einer geschlossenen Form angebacken und die Temperatur anschließend auf 100 Grad gesenkt, wodurch das Brot dämpfend fertiggebacken wird. Der Vorgang kann bis zu 24 Stunden dauern, da die Körner nur sehr langsam von der Hitze durchdrungen werden. Hierdurch werden Enzymreaktionen im Brotteig ausgelöst. Die im Roggenkorn enthaltene Stärke verzuckert, wodurch das fertige Pumpernickel seinen leicht süßlichen Geschmack erhält. Seine charakteristische dunkle Färbung bekommt der Pumpernickel durch die sogenannte Maillard-Reaktion, bei der die Aminosäuren des Brotteiges neue Verbindungen eingehen. Der kastenförmige westfälische Pumpernickel hat wenig oder gar keine Kruste und ist bis zu zwei Jahre genießbar. Er enthält gegenüber dem Weißbrot das Vierfache an Ballaststoffen. Schon hundert Gramm des Brotes enthalten ein Drittel der empfohlenen Tagesmenge und wirken so verdauungsfördernd. Es ist reich an Vitaminen, vor allem dem Vitamin B3, ebenso wie an Mineralstoffen wie Kalium, Magnesium, Eisen und Natrium und wirkt auf natürliche

Bauernmädchen mit zwei Pumpernickelbroten, um 1920.

Weise blutzuckersenkend. Pumpernickel darf im Münsterland sogar ins Dessert! Mindestens aus einer Schicht Pumpernickel, Schokolade und Kirschwasser oder Kirschsaft besteht die Westfälische Quarkspeise. Die andere Schicht besteht aus Quark, Milch und Zucker.

Schon Grimmelshausen pries in seinem „Simplicissimus" neben dem westfälischen Schinken auch das „schwarze Brot" an. Wahrscheinlich ist Pumpernickel das gesündeste Brot der Welt …

15 Gründer des europäischen Textilhandels
Die Tödden

Auch wenn man es nicht gleich vermutet: Im nördlichen Münsterland und im angrenzenden Lingener Land stand die Wiege des modernen Textileinzelhandels. Textilhandelsketten in Deutschland und in den Niederlanden wie Brenninkmeyer (C&A), Hettlage, Boecker, Peek & Cloppenburg, Vroom & Dreesmann und andere haben ihre historischen Wurzeln im Wanderhandel.

Nach dem Dreißigjährigen Krieg war die massiv dezimierte Bevölkerung langsam wieder angewachsen. Folglich reichten auch im nördlichen Münsterland die wenig ertragreichen Böden zum Getreideanbau und die Schafhaltung nicht aus, um die kinderreichen Familien zu ernähren. Vor allem die nachgeborenen Bauernsöhne, die Heuerlinge und Kötter ohne eigenen Bauernhof mussten sich nach anderen Erwerbsmöglichkeiten umsehen. Viele Wanderarbeiter verdienten ihren Lebensunterhalt als Torfstecher oder Wanderhändler, auch Tödde genannt.

Die Tödden waren vom 17. bis zum 19. Jahrhundert umherziehende Händler, die als Packenträger mit ihren auf den Rücken getragenen Waren ihre meist auf dem Lande wohnenden Kunden zu Hause besuchten. Zuerst verkauften sie nur Leinen. Später hatten sie auch Eisenwaren, z.B. Messer und Scheren, in ihrem Angebot. Die Tödden stammten aus einer relativ kleinen Region des nördlichen Münsterlandes und der Grafschaft Lingen: Schapen, Recke, Ibbenbüren, Mettingen und Hopsten waren die wichtigsten Herkunftsorte. Dort lebte Mitte des 18. Jahrhunderts etwa die Hälfte der arbeitenden Männer vom Wanderhandel.

Je nach Region hatten die Tödden unterschiedliche Namen. Sie wurden Hausierer, Hopster, Packenträger oder lingensche Messerträger genannt. In den Niederlanden hießen sie bonddrager oder pakkedrager. Sie selbst bezeichneten sich in ihrer Geheimsprache als Tödden, Tiötten oder Tüötten. Über die Etymologie des Terminus Tödden existieren mehrere Überlegungen. Eine Annahme ist, dass sich der Name vom niederdeutschen „tödden“ oder „todden“ (schleppen, ziehen, schwer bepackt dahertrotten) ableitet. Eine weitere mögliche Erklärung ist das englische „to toddle“ (umherziehen). Die analogen Namen „Tüötten“ oder „Tiötten“ sind aus örtlich verschiedenen Aussprachen entstanden.

Ihre Ware, das Leinen, kauften die Tödden von Herstellern oder auf Messen und transportierten sie über weite Strecken in ihre Zielgebiete. Im Westen waren das neben Brabant und Flandern die niederländischen Provinzen, wo sie mit ihren flachen Mützen, einem Sack aus kariertem Stoff, einem Ellenstock, den sie in der Hand trugen, und einer Schere, die sie sich mit einer Kette um den Hals gebunden hatten, sehr bekannt waren. Die Holländer verwendeten das schwere, feste Leinen als Segeltuch für ihre Schiffe und für wetterfeste Kleidung.

Die Standquartiere der Tödden, von denen aus sie ihre Kunden besuchten, befanden sich aber auch im Osten, in Brandenburg, Mecklenburg, Pommern und Schlesien. Die für ihre Zeit ausgeprägte Mobilität führte sie sogar weiter östlich bis nach Skandinavien und Russland.

Auf ihren langen Reisen drohten ihnen viele Gefahren: Überfälle von Wegelagerern, Erpressungen von korrupten Grenzern, Schikanen von ortsansässigen Geschäftsleuten und Behörden. Deshalb reisten die Tödden, obwohl sie untereinander konkurrierten, gemeinsam, unterstützten sich gegenseitig und verständigten sich in einer Geheimsprache, dem Humpisch.

Wenn das Wetter im Winter den Wanderhandel nicht mehr zuließ, kehrten die Tödden zu ihren Familien in die heimatlichen Dörfer zurück.

Als im 19. Jahrhundert die Fabriken die Hausweberei ablösten und preiswerte Textilien in großer Zahl produzierten und die Dampfeisenbahnen den Transport revolutionierten, veränderten sich für die Tödden die geschäftlichen Voraussetzungen. Viele Töddenfamilien nutzten den Wandel und ließen sich in ihren Handelsgebieten, so auch in den Niederlanden, nieder und gründeten die ersten stationären Konfektionshäuser, die sie später zu großen Kaufhausketten ausbauten.

In einigen münsterländischen Gemeinden wie Schapen, Hopsten und Mettingen wird die Töddentradition heute noch hochgehalten.

Ein wandernder Händler vor dem Tüöttenmuseum in Mettingen.

16 Von Töttchen und Pfefferpotthast
Münsterländer Hausmannskost

Hausmannskost ist vielen noch aus ihrer Kindheit bekannt, als Mama Chefin im Ring, besser gesagt: am Herd war und die Teller bis über den Rand gefüllt wurden. Das Motto „Iss alles auf, damit du groß und stark wirst" verhinderte Magersucht und das Wort Vegetarier war damals ebenso unbekannt wie Amazon, Facebook oder Google. Aber woher kommt eigentlich der Begriff Hausmannskost?

Der Terminus Hausmannskost geht auf das 16. Jahrhundert zurück. Zu dieser Zeit galt der Hausherr als sogenannter Hausmann, keinesfalls zu verwechseln mit dem heutigen Hausmann. Als Hausmannskost wurde demnach eine Mahlzeit bezeichnet, die den Hausherrn satt und friedlich machte, ihn mit ausreichender Energie für den weiteren Tag versorgte und ihn damit freudig stimmte.

Die münsterländische Hausmannskost ist geprägt von den Erträgen der einheimischen westfälischen Landwirtschaft, vom Ruhrgebiet und dessen Industriegeschichte, von der rheinischen Küche und einem Teil der niedersächsischen Küche. Wer dabei welches Gericht zuerst auf dem Teller hatte, darüber nachzudenken ist müßig. Die verwendeten Produkte waren regional und saisonal, das Essen bäuerlich-deftig, nahrhaft und meist kalorienreich. Wichtig war, dass jedes Stück des geschlachteten Viehs verwertet wurde. Aus Arme-Leute-Essen entwickelten sich münsterländische Nationalgerichte wie zum Beispiel Töttchen, nicht zu verwechseln mit einem sahnigen Törtchen. Ein Töttchen ist weder süß noch cremig. Ursprünglich wurden ein Kalbskopf und Innereien wie Lunge und Herz vom Rind mit Pfefferkörnern, Zwiebeln und Essig zu einem süß sauren Ragout verkocht. Töttchen wird heute in vielen Restaurants des Münsterlandes etwas abgewandelt angeboten. Die Zutaten sind heute Schulter, Brust oder Kalbszunge. Ebenfalls fleischig: Pfefferpotthast, ein scharfes Rindergulasch, bei dem magerer, in Würfel geschnittener Rinderkamm mit Zwiebeln, Schmalz, geschrotetem Pfeffer und anderen Gewürzen in Fleischbrühe gekocht und dann zu Salzkartoffeln serviert wird. Der Pfefferpotthast wird zum Schluss mit Semmelbröseln und nicht mit Mehl gebunden. „Pannas" oder „Panhas" ist nicht nur ein geflügeltes Wort („Panhas am Schwenkmast"). Der Name hat nichts mit dem Pfannenhasen zu tun, sondern bedeutet so viel wie Röstpfanne oder gebratenes Fleischstück und bezeichnete das Fleisch der armen Leute. Es ist ein aus Wurstbrühe und Buchweizenmehl hergestellter gewürzter Brei, der nach dem Erkalten in Scheiben geschnitten und gebraten wird. Dicke (oder große) Bohnen mit Speck, die im Münsterland „Graute Baunen" heißen, sind von alters her ein Leibgericht der Münsterländer. Auch wenn es danach heißt: „O heilige Große Bohnen-Zeit, o Bauch, wird' mir noch mal so weit!"

Nicht vergessen werden darf der Münsterländer Buchweizenpfannkuchen

Hier wird auf einem Münsteraner Wochenmarkt für Töttchen geworben.

mit gebratenem Speck, mancherorts Bokwaiten-Jan-Hinnerk genannt.

Suppen, als Hauptgericht oder als Vorspeise, gab es ebenfalls in allen Varianten. Milchsuppe mit Zwiebeln, Brotsuppe mit Rosinen oder mit Bier, Buttermilchsuppe und Milchsuppe mit Reis waren preisgünstige Speisen, sie waren einfach herzustellen und benötigten nur Zutaten, die in jedem Haushalt vorhanden waren.

Oft tut es aber auch ein Schinkenbrot. Der Ruhm des westfälischen Schinkens ist uralt. Schon Kaiser Sigismund soll sich lobend über ihn geäußert haben, und Heinrich Heine sprach von Westfalen als dem „Vaterland der Schinken“. Der westfälische Schinken ist luftgetrocknet statt gekocht. Sein würziges Aroma verdankt er dem Röhrenknochen, der während der gesamten Reifezeit im Schinken bleibt.

Und jetzt noch was Süßes: Eine traditionelle Quarkspeise mit marinierten Erdbeeren ist die Münsterländer Stippmilch. Ein westfälischer Klassiker, der am Karfreitag nicht fehlen darf: Struwen, ein fettgebackener, fladenförmiger Hefepfannkuchen mit Rosinen.

Dazu gerne ein klarer Münsterländer Korn und ein Altbier. Tipp: Nachkochen und schmecken lassen!

17 Erinnerung an ein dunkles Kapitel
Die Rebellion der Täufer in Münster

Für jeden gut sichtbar hängen am Turm der St.-Lamberti-Kirche im Stadtkern von Münster drei Eisenkäfige. Diese sogenannten Täuferkäfige enthielten die verfallenden Leichen von drei hingerichteten religiösen Radikalen und zeugen vom Ende des täuferischen Königreichs. Sie sind Symbole eines schrecklichen Ereignisses, das sich im 16. Jahrhundert in Münster abspielte.

Es gab gute Gründe für den siegreichen Bischof Franz von Waldeck, die Käfige genau hier als Warnung und Abschreckung für andere Missetäter und Rebellen aufzuhängen. St. Lamberti war die Marktkirche der Bürger und die hatten sich schon vor dem Aufstand der Täufer gegen ihren zeitlichen Herrn erhoben. Was als religiöser Protest und Volksaufstand gegen die Herrschaft des Bischofs über die Stadt begann, endete 1535 in einer blutigen Katastrophe. Die Streitigkeiten zwischen den die Stadt regierenden Erbmännerfamilien, Handwerkern und dem korrupten römisch-katholischen Klerus, die religiöse Unruhe der Reformationszeit, Misstrauen gegenüber der römisch-katholischen Kirche und das zunehmende Selbstbewusstsein des Bürgertums in den Städten, verbunden mit einem Aufbegehren gegen die feudale Ordnung, waren einige der Ursachen für die Abkehr der Münsteraner vom katholischen Glauben. Im März 1533 war Münster eine protestantische Stadt geworden.

Zu dieser Zeit kamen bereits Protestanten aus der näheren und weiteren Umgebung in die Stadt. Darunter auch zunehmend Anhänger der Täufer aus den Niederlanden. Diese radikal-reformatorische, christliche Bewegung wurde von Straßburg aus in die nördlicheren Gebiete gebracht und hatte sich bis nach Holland und Friesland verbreitet, wurde dort aber nicht geduldet.

Ihr Hauptmerkmal war die Erwachsenentaufe. Sie lehnten den religiösen Bilderschmuck ab und sagten das nahe Weltende voraus, das nur sie als „Auserwählte" überleben würden. Die Täufer, die sich auch Gemeinde Christi nannten, wurden von ihren Gegnern Wiedertäufer genannt, weil jeder damalige Christ ja schon als Kind getauft worden war. Die am 23. Februar 1534 turnusmäßige Ratswahl erbrachte der Täuferbewegung die Mehrheit, in deren Folge sie jetzt Münster beherrschten. Im gleichen Monat erschien der Bäcker Jan Mathys aus Haarlem in Münster und setzte sich als Prophet an die Spitze der Gemeinde Christi. Mit ihm kam der Schneidergeselle Johann Bockelson aus Leiden, der als Jan van Leiden durch sein gutes Auftreten den Gildenführer Bernd Knipperdolling und den einflussreichen Prediger Bernd Rothmann für sich gewinnen konnte und dadurch die Stellung der Täufer festigte. Beide gaben jetzt den Ton in der Stadt an und förderten gewaltsame Rebellionen.

Sie glaubten, dass Münster als neues Jerusalem, als Stadt Gottes auserwählt sei. Ihr Einfluss vergrößerte sich schnell. Münster war jetzt eine Stadt der Täufer. Viele Bürger konvertierten zum Täufertum und ließen sich „wieder" taufen. Schon Wochen vorher hatten die meisten Katholiken und auch nichttäuferische Protestanten Münster verlassen. Den verbliebenen Glaubensbrüdern stellten die Täufer ein Ultimatum. Entweder sie ließen sich zum zweiten Mal taufen oder sie wurden aus der Stadt vertrieben.

Daraufhin belagerte Bischof Franz von Waldeck, der sich zwischenzeitlich in Sicherheit gebracht hatte, mit seiner Truppe und ausländischen Söldnern die Stadt. Unter dem Druck der Belagerung und nachdem Jan Mattys bei einem Ausfall aus der belagerten Stadt starb, krönte Jan van Leiden sich selbst und erklärte Münster zum Königreich der letzten Tage. Blutig verfolgten die Täufer jetzt jeden, der ihnen widersprach und schufen eine theokratische Gesellschaftsordnung mit Polygamie und dem Verbot von Privateigentum.

Trotz allem Widerstand innerhalb der Stadtmauern verschlechterten sich die Bedingungen massiv und die Vorräte und Lebensmittel schwanden.

Nach einer etwa einjährigen Belagerung wurde Münster zurückerobert. Die Männer wurden von den bischöflichen Truppen in einem fürchterlichen Gemetzel getötet. Die Belagerung beendete die reformatorische Entwicklung Münsters und die Stadt und das Münsterland waren wieder katholisch.

Die Führer der Täufer, Bernhard Krechting, Bernd Knipperdolling und Jan van Leiden, wurden zum Tode verurteilt. Das von ihnen vorausgesagte Ende kam, aber die Erlösung nicht. Sie wurden gefoltert, hingerichtet und ihre Körper in eisernen Käfigen ausgestellt, die am Turm von St. Lamberti hingen. Als Käfige der Täufer hängen sie (viel diskutiert) noch heute dort und bieten ein sehr beliebtes Fotomotiv.

In den Wiedertäufer-Käfigen am Turm der Lambertikirche wurden 1536 die drei hingerichteten Anführer des Täuferreiches zur Warnung und Abschreckung aufgehängt.

18 Ein Disneyland des Spätbarocks
Das Steinfurter Bagno

Wer heute durch das Naturschutzgebiet am Bagno-Buchenberg auf dem Gebiet der Stadt Steinfurt spaziert, kann sich nur mit großer Mühe vorstellen, dass hier vor 250 Jahren ein bunter exotischer Architektur-Mix Besucher aus ganz Europa anlockte. Nur noch einige Inseln in einem See, eine Baumallee, die zum Schloss in Burgsteinfurt führt, ein paar Hügel, elegant geformte Brücken und eine Konzerthalle zeugen von einem ehemals angelegten Park.

Die Grafen Karl Paul Ernst von Bentheim-Steinfurt und sein Sohn Ludwig waren, inspiriert durch zahlreiche Reisen in ganz Europa, begeisterte Anhänger der europäischen Gartenkunst ihrer Zeit. Die italienischen Renaissance-Gärten wie der der Villa d'Este in Tivoli und das Schloss und der Park von Versailles fanden ihre Begeisterung. Aber auch die im 18. Jahrhundert in Deutschland entstandenen Gärten wie die des Kurfürsten von Hannover in Herrenhausen oder der Schlossgarten von Schwätzingen der Kurfürsten von der Pfalz waren ihre großen Vorbilder. Denen entsprach der Garten vor dem Steinfurter Schloss ihrer Meinung nach ganz und gar nicht.

So begann der Vater 1765, kurz nach Beendigung des Siebenjährigen Krieges, mit dem Bau einer ersten Anlage im französischen Gartenbaustil. Hierbei entstanden aus einem Ententümpel der See und die Konzertgalerie, eine Kopie des Grand Trianon von Versailles. Ebenfalls zur Erstausstattung gehörte ein kunstvolles Badegebäude am Ufer des Sees, von dem der Park seinen Namen hat (Bagno = italienisch für Bad). Den Anfängen folgte ein Maison de plaisance, ein Lustschlösschen. Vorbild war das Schloss Clemenswerth im emsländischen Sögel. Auch gärtnerisch begann der Graf jetzt aufzurüsten. Er ließ weitläufige Alleen errichten, Hecken pflanzen, arrangierte Blumenbeete und baute Kanäle, an deren Ufern er Springbrunnen, Pavillons und Statuen aufstellte.

Auch weil die Parkanlagen für jedermann frei zugänglich waren, kamen

Die künstlich erbaute Turmruine auf einer der fünf Inseln im Steinfurter Bagno-See dient heute als Fledermausstollen.

immer mehr Besucher aus nah und fern, wovon nicht zuletzt auch die Stadt profitierte. Reiseschriftsteller und Gartenbaufachleute berichteten über das Bagno und machten es über die Grenzen der Reichsgrafschaft Steinfurt hinaus europaweit bekannt.

Nach dem Tod des Grafen 1780 führte sein Sohn Ludwig das Bagno weiter und veränderte die Anlage im englischen Gartenbaustil. Die exzentrischen Bauideen seines Vaters überflügelte er dabei in hohem Maße. Ein chinesisches Palais, ein ägyptischer Turm, Fontänen, Kaskaden, griechische und römische Tempel, eine berühmte Hofkapelle, eine künstliche Ruine, ein Wasserrad sowie eine türkische Moschee machten den Park zu einem Disneyland des Spätbarocks.

Mit der napoleonischen Herrschaft 1806 veränderte sich die Situation des Bagno maßgeblich. Die Besatzer hatten keinen Spaß am Spaßpark. Graf Ludwig wurde zum Untertanen degradiert. Die Anlagen verfielen sehr schnell. Um 1828 existierten nur noch 16 der 39 Gebäude aus dem Jahr 1806. Geblieben sind die Konzertgalerie, seit 1997 ein Ort für eine Reihe glanzvoller Musikveranstaltungen und die älteste freistehende Konzerthalle in Europa, die Neue Wache, die Ruine auf der Ruineninsel, das Bagno-Quadrat, die Große Allee und die Barocke Achse. Sie zeugen von der einstigen Pracht und Vielfalt.

Das Bagno in Steinfurt ist heute ein Parkgelände mit einem großen Erholungswert. Es wurde im Rahmen der Regionale 2004 in das zurückverwandelt, was es zu Beginn der gräflichen Gartenlust war: ein naturnaher Park mit einem großen See.

Ein Rundweg führt heute zu den historischen Orten. Schilder weisen auf die Standorte der Sehenswürdigkeiten aus dem 18. Jahrhundert hin. Mit ein wenig Fantasie kann sich der Besucher hier in das Disneyland vergangener Jahre zurückversetzen lassen.

19 Wissen.Leben
Die WWU Münster

Die Westfälische Wilhelms-Universität Münster (WWU) zählt zu den größten und traditionsreichsten Universitäten Deutschlands. Seit 1588 gab es in Münster ein Jesuitenkolleg. Hier wurden schon zu Beginn des 17. Jahrhunderts philosophisch-theologische Vorlesungen angeboten. Eigentlich eine gute Voraussetzung für die Errichtung einer Universität.

Trotz Erlaubnis von Papst Urban VII. und Kaiser Ferdinand II. scheiterte die Gründung, wahrscheinlich aus finanziellen Gründen. Erst am 16. April 1780 wurde die Universität durch Franz Freiherrn von Fürstenberg als „Vicecancellarius Universitatis“ feierlich konstituiert. Im Jahre 1805 erfolgte ein Ausbau der Universität zu einer preußischen Landesuniversität für Westfalen. Aufgrund einer Entscheidung der preußischen Regierung vom 18. Oktober 1818 verlor die Universität gemeinsam mit der Universität Duisburg ihren Status als Hochschule an die neue Universität in Bonn. Übrig blieb eine akademische Lehranstalt mit zwei Fakultäten zur Ausbildung von Geistlichen und Gymnasiallehrern. Nach der Wiedereinrichtung der Rechts- und Staatswissenschaftlichen Fakultät erhob Kaiser Wilhelm II. am 1. Juli 1902 die Akademie wieder in den Stand einer Universität.

Seit 1907 trägt das Institut den viel diskutierten Namen Westfälische Wilhelms-Universität, nach dem letzten deutschen Kaiser Wilhelm II. Im August 1908 erlaubte das preußische Wissenschaftsministerium per Erlass Frauen das Studium.

Die Universität Münster bietet heute ein breites, international ausgerichtetes Spektrum mit 120 Studienfächern in 15 Fachbereichen für rund 45.000 Studierende. Sie ist damit eine der größten Hochschulen Deutschlands. Mit über 20 Prozent besitzt Münster die höchste Studentenbevölkerungsdichte aller Städte in Deutschland, was sich in einem erkennbar jugendlichen Gesicht der Hansestadt widerspiegelt.

Münster lebt gewissermaßen von Bildung und Wissenschaft. Zusammen mit dem Universitätsklinikum ist die Universität hier der größte Arbeitgeber. Jeder siebte Münsteraner studiert oder arbeitet an der Universität. Das Fürstbischöfliche Schloss ist seit 1954 Verwaltungszentrum und Wahrzeichen der Universität. Im Gegensatz zu anderen Universitäten konzentriert sich der Gebäudekomplex der Universität aber nicht nur auf einen Campus. Er verteilt sich auf 285 Gebäude im Gebiet der Stadt Münster, die dadurch einem riesigen Campus gleicht. Die WWU wird bei groß angelegten Forschungsprojekten durch die Deutsche Forschungsgemeinschaft und das Förderprogramm „Exzellenzstrategie“ der Bundesregierung unterstützt. Die Universität lag 2020 beim aktuellen internationalen Hochschulranking U-Multirank in mehreren Gebieten ganz vorne.

Die Kontakte der münsterischen Wissenschaftler reichen in alle Kontinente. Offizielle Partnerschaften und

Siegel der Universität Münster.

Kooperationsabkommen verbinden die WWU Münster mit mehr als 550 Hochschulen und Wissenschaftseinrichtungen in aller Welt. Die Westfälische Wilhelms-Universität Münster ist aber nicht die einzige Hochschule in der Hauptstadt Westfalens. Daneben gibt es noch die Fachhochschule Münster, die Kunstakademie Münster, die Katholische Hochschule Nordrhein-Westfalen, die Hochschule des Bundes für öffentliche Verwaltung und die Fachhochschule für Polizei und öffentliche Verwaltung Nordrhein-Westfalen – die Universität ist sozusagen überall.

20 Münster, die Mordshauptstadt
Jagdrevier für Killer und Kommissare

Sicher, in der Fahrradfahrer-Hochburg Münster werden besonders viele Fahrräder geklaut. Mehr als ein Drittel aller Diebstahlsdelikte in der Hansestadt sind Fahrraddiebstähle. Aber sonst ist Münster der Kriminalstatistik nach eine der sichersten Städte in Nordrhein-Westfalen. Trotzdem, wer in Münster lebt oder die Stadt besucht, sollte auf der Hut sein. Hier hat der Haifisch Zähne.

An jeder Ecke lauern Taschendiebe, Betrüger und Entführer. Noch schlimmer: Regelmäßig sorgen rätselhafte Morde aus Münster und Umgebung bundesweit für Aufsehen. Ist Münsterland ein Monsterland? Ja, aber die Bösewichte kommen nicht weit. Sie werden am Ende immer erwischt – von Münsters Super-Fernseh-Detektiven.

Die beiden öffentlich-rechtlichen Sender ARD und ZDF machten die Domstadt und die schöne Provinz Münsterland in den letzten Jahren zu einer Brutstätte des Verbrechens. Der Buchantiquar und Privatdetektiv Wilsberg, gespielt von Leonard Lansink, und das skurrile Ermittlerduo vom Münster-„Tatort", Rechtsmediziner Professor Boerne (Jan Josef Liefers) und Kommissar Thiel (Axel Prahl) machen den Bösewichten das Leben schwer und locken regelmäßig Millionen von Zuschauern an die Fernsehgeräte. Pro Jahr werden in Münster durchschnittlich zwei „Tatort"-Episoden und vier „Wilsberg"-Filme gedreht. Die erste „Wilsberg"-Folge wurde 1995 ausgestrahlt, damals noch mit Joachim Król in der Titelrolle. Die Figur des Wilsberg erschuf 1990 der Münsteraner Krimiautor Jürgen Kehrer. Für die Hansestadt ist Lansink alias Wilsberg ein Aushängeschild. Der Schauspieler engagiert sich auch außerhalb der Drehzeiten für die Stadt. Er ist Schirmherr der Münsteraner Krebsberatungsstelle. Dafür erhielt er 2017 den Verdienstorden des Landes Nordrhein-Westfalen.

Im Jahre 2002 ging das schräge „Tatort"-Duo Boerne und Thiel in Münster erstmals auf Täterjagd. Entwickelt wurde der „Tatort Münster" von den Drehbuchautoren Jan Hinter und Stefan Cantz. Dabei konnten sie als Vorlage für die Rolle des eloquenten Gerichtsmediziners Boerne auf einen „echten" Kollegen zurückgreifen. Pate stand der forensische Pathologe Bernd Brinkmann. Nein, nicht der aus der Schwarzwaldklinik, der hieß Klaus mit Vornamen und war auch nur ein Fernsehdoktor, sondern der damalige Direktor des Instituts für Rechtsmedizin in Münster. Er war als einer der Väter der forensischen DNA-Analyse ein hoch angesehener Praktiker seines Berufs und durch zahlreiche spektakuläre Fälle über die Landesgrenzen hinaus bekannt.

Die Folgen der Kult-Krimireihe aus Münster sind die erfolgreichsten des gesamten „Tatort"-Formats. Sie liegen an der Spitze der Bewertungen aller deutschen Fernsehserien. So hatte die Folge vom April 2017 mit dem Titel

Eine Stadt als Statistin: In Münster dreht das ZDF die „Wilsberg"-Filme und die ARD den Münster-„Tatort".

„Fangschuss" den größten Publikums- und Marktanteil aller „Tatort"-Folgen seit 1992. Die beiden Hauptakteure Jan Josef Liefers und Axel Prahl erhielten 2011 in der Kategorie Leserwahl „Das beste Krimi-Team" den deutschen Film- und Fernsehpreis „Die Goldene Kamera".

Aber nicht nur vor dem Fernseher begeistern die Münster-Krimis die Zuschauer. Die Filmaufnahmen werden regelmäßig vor Ort mit großem Interesse verfolgt. Seit 2003 bietet die Stadt sogar Führungen für Amateurdetektive auf den Spuren der Münsteraner TV-Ermittler an. Jedes Jahr kommen Tausende von Touristen in die „Hauptstadt des Verbrechens" und besichtigen die wichtigsten Schauplätze und Kulissen der Krimi-Reihen. Dabei werden sie feststellen: Münster ist mörderisch gut!

21 Ohne Sattel, Tierarzt und Mohrrüben
Dülmener Pferde im Merfelder Bruch

Die Stadt Dülmen gehört zu den ältesten Städten des Münsterlandes. Kaum etwas Historisches überlebte allerdings das Jahr 1945. Im heutigen Herrenhaus Schloss Buldern wuchs im 19. Jahrhundert der Freiherr Gisbert von Romberg auf, der dem Schriftsteller Josef Winkler als anekdotenreiches Vorbild für seinen Schelmenroman „Der tolle Bomberg" diente. Die eigentliche Attraktion Dülmens liegt aber einige Kilometer westlich der Stadt.

Im Wildpark der Herzöge von Croy, im Merfelder Bruch, leben etwa 300 Pferde fast ohne jeden Kontakt zu Menschen. Auf einem eingezäunten Gebiet von 350 Hektar Weide, Moor, Heide und Wald bilden sie die letzte Herde wildlebender Pferde auf dem europäischen Kontinent.

Die Bruchgebiete Westfalens mit ihren Heiden und Moorniederungen blieben bis auf einzelne Gehöfte und Mühlen meist siedlungsfrei. Sie waren mit den einfachen Mitteln früherer Zeiten nur schwierig zu kultivieren. Fernab von Siedlungen lebten hier von alters her wilde Pferde. Schon im Jahr 1316 sind sie im Besitz der Merfelder schriftlich erwähnt.

Im Merfelder Bruch bei Dülmen ist die letzte dieser Herden bis in unsere Zeit erhalten geblieben. Häufig werden sie als Wildpferde bezeichnet. Dieser Begriff ist aber nicht richtig. Die „Dülmener", wie sie auch genannt werden, sind wilde, also in Freiheit lebende, nahezu ohne menschliche Hilfe auskommende Pferde, aber keine ursprünglichen Wildpferde. Die sind schon vor langer Zeit ausgestorben. Die Dülmener Wildlinge suchen sich ihre Nahrung eigenständig und sind bei jeder Witterung sich selbst überlassen. Vor den eisigen Winden und dem Frost schützen sie nur die Bäume und ihr Winterfell. Sie werden weder gezähmt noch registriert, erhalten auch keine Hilfe von Tierärzten. Nur im Winter wird etwas Heu zugefüttert. Somit findet eine natürliche Auslese statt. Nur die Robusten überleben und sichern den Fortbestand der Herde. Das Wesen der kleinen braun-grauen Wildpferde ist allerdings alles andere als wild. Sie haben sich an die Besucher gewöhnt und sind eher friedlich und zutraulich.

Damit auch friedlich weitergegrast werden kann, müssen die einjährigen Hengste von der Herde getrennt werden. Deren Testosteronspiegel übersteigt nämlich alsbald den Normwert. Dann machen sie Ärger, stänkern herum und verärgern die älteren Hengste, die dann ihrerseits schnell unhöflich werden können. Um blutige Kämpfe zu vermeiden, aber auch um die Population gesund zu halten wird einmal im Jahr der ansonsten ausgeglichene Pferdealltag im Merfelder Bruch in seiner Ruhe gestört. Seit 1907 findet am letzten Samstag im Mai der Wildpferdefang statt. Dann wird das „westfälische Rodeo" eröffnet.

Staubwolken verdunkeln die Sicht, wenn die Dülmener dichtgedrängt in eine extra dafür gebaute Arena zusammengetrieben werden. Die Situation ähnelt jetzt zunehmend der in einem Western.

Ein besonderes Highlight für die Dülmener Wildpferde ist die Wasserstelle im Merfelder Bruch. Hier treffen sich die freundlichen Tiere zum Trinken, Baden und Planschen.

Unerschrockene Fänger, bekleidet mit blauem Hemd und rotem Halstuch, nähern sich unter lautem Gejohle den Tieren, isolieren die einjährigen Hengste aus der Herde und fangen sie ohne Hilfsmittel, mit bloßen Händen ein. Hier sind Männer noch echte Cowboys! Dabei dient der gute alte Schwitzkasten als Fangtechnik, jedem bekannt von Schulhofrangeleien. Das finden die Junghengste nicht so lustig und strampeln und schlagen nach Leibeskräften aus, schließlich geht es um ihre Freiheit. Sie können aber nicht verhindern, dass zwischenzeitlich mehrere zweibeinige wilde Kerle auf ihren Körper liegen und ihnen einen Strickhalfter überstreifen.

Wenn alle Einjährigen eingefangen und die Knochen der Fänger nummeriert sind, wird der Rest der Herde sofort wieder in die Freiheit entlassen und darf zurück in seine Heidelandschaft. Das traditionelle Spektakel ist zu Ende.

Die gefangenen Junghengste werden versteigert. Sie verlieren zwar ihre Freiheit, haben aber in den meisten Fällen als Reit- oder Kutschpferd eine gute Zukunft.

22 „Pinguin, Löwe & Co“ Der Allwetterzoo Münster

„Ene Besuch im Zoo, oh, oh, oh, oh, nä wat is dat schön, nä, wat is dat schön“, so beginnt ein bekanntes Kölner Karnevalslied aus den 1960er-Jahren. Egal ob Zoologischer Garten, Tierpark oder Tiergarten, Zoos erfreuen sich in unserer Gesellschaft großer Beliebtheit. Andererseits werden sie von Tierschützern und Tierrechtlern sowie von den Medien zunehmend kritisiert.

Die drei häufigsten Argumente der Zoo-Gegner sind die Gefangenschaft der Tiere, deren nicht artgerechte Haltung und ihr unnatürlicher Lebensraum. Die Gründe der Fürsprecher des Zoos sind der Schutz und die Erhaltung der Arten, der Kontakt und die Beobachtung von Tieren und der Zugang der Kinder zu den Bewohnern des Tierparks. Eine deutliche Mehrheit der Deutschen befürwortet die zoologischen Einrichtungen. Vier von fünf Deutschen stehen hinter den Zoos. In Deutschland gibt es je nach Zählweise zwischen 600 und 800 Zoos, Tier- und Wildparks.

Weit über die Grenzen Westfalens hinaus bekannt ist der Allwetterzoo in Münster, nicht zuletzt auch durch die ARD-Serie „Pinguin, Löwe & Co“. Sein Vorgänger war der im Jahr 1875 eingeweihte Zoologische Garten zu Münster an der Himmelreichallee. Gründer des alten Zoos war ein Münsteraner Original, der Theologe und Schriftsteller Hermann Landois. Mit kreativen Finanzierungsideen sammelte er das Geld für den Tiergarten und das ebenfalls von ihm gegründete Museum für Naturkunde. Ende 1973 wurde der Zoo geschlossen. Auf dem Gelände entstand das Gebäude für eine damals in Münster ansässige Bank.

In einem Waldgelände nahe dem südlichen Aasee wurde 1974 der neue Zoo errichtet. Dabei berücksichtigten die Erbauer das hartnäckige westfälische Regenwetter und überdachten die Hauptwege des Zoos, der seit dieser Zeit Allwetterzoo heißt. Die Möglichkeit, einen großen Teil der Bereiche trockenen Fußes zu erreichen, fand bei den Besuchern großen Zuspruch. Dort, wo keine überdachten Wege vorhanden sind, gibt es größtenteils überdachte Beobachtungsplattformen mit einem guten Blick auf die Gehege, wie beispielsweise das Afrikapanorama. Beim Neubau des Zoos konnten aktuelle tiergärtnerische Parameter einbezogen werden, wodurch die Haltung der Tiere massiv verbessert wurde.

Auf einer Gesamtfläche von rund 30 Hektar können die Besucher etwa 300 verschiedene Tierarten besichtigen. Zu den Attraktionen zählen das Menschenaffenhaus, das Löwenhaus, das Bärenhaus und das Aquarium. Weiterhin gibt es ein Elefantenhaus, ein Tropenhaus, das Pferdemuseum und einen Streichelzoo. Im Februar 2013 wurde das Delfinarium geschlossen. Es entsprach nicht mehr dem Zeitgeist. Die Tiere wurden in die Niederlande abgegeben und das Delfinarium in Robbenhaven

Mehr als 3.600 Tiere sind im Allwetterzoo in Münster zu sehen. Überdachte Wege verbinden die großen Tierhäuser. So gelangen die Besucher auch im Regen (fast) trockenen Fußes zu Löwen, Nashörnern und Elefanten.

umbenannt, wo seitdem kalifornische Seelöwen leben. Die Einrichtung ist eine der größten Seelöwen-Anlagen in ganz Europa. Und dass Münster ein Eldorado für schräge Vögel ist, wissen wir ja. Man denke nur an den Trauerschwan „Petra", der sich in ein Tretboot in Schwanenform verliebt hat! Ein weiterer Star unter den Tier-Promis ist die berühmte Brillenpinguindame „Sandy" aus dem Zoo in Münster. Sie machte Schlagzeilen, weil sie sich in ihren Pfleger verliebte und ihm nicht mehr von der Seite wich. „Sandy" sah in ihm ihren Partner, eine Art Riesen-Pinguin. Beide tingelten durch Fernsehshows und wurden bundesweit bekannt. „Sandy" engagierte sich in der Öffentlichkeitsarbeit und trat in verschiedenen Fernsehproduktionen auf; sogar in einer Folge des Münsteraner „Tatorts" hatte sie eine (tierische) Nebenrolle. Aus irgendwelchen Gründen konnte sie trotz aller Bemühungen mit ihrem Pfleger keinen Pinguin-Nachwuchs bekommen. Sie verließ ihren zweibeinigen Freund zugunsten eines „richtigen" Brillenpinguins. Mit ihm bekam sie die schon lange gewünschten Küken. „Sandy" gehört zu den bekanntesten Zootieren Deutschlands.

Übrigens: Die jährlichen Kosten einer Tierpatenschaft für einen Elefanten im Allwetterzoo betragen 3.000 Euro. Wer die Fürsorgepflicht für eine kurzohrige Elefantenspitzmaus übernehmen möchte, ist schon mit 75 Euro dabei …

23 Holz mit viel Geschichte
Der Friedenssaal

Mitten auf dem Prinzipalmarkt, umgeben von schönen Giebelhäusern, befindet sich das Rathaus von Münster. Bis zu seiner fast vollständigen Zerstörung im Zweiten Weltkrieg galt es als eines der bedeutendsten profanen Baudenkmäler der Gotik. Anfang der 1950er-Jahre wurde das aus der Mitte des 14. Jahrhunderts stammende Rathaus originalgetreu rekonstruiert und ist seitdem eine der touristischen Hauptattraktionen der westfälischen Hauptstadt.

Die meiste Aufmerksamkeit der Besucher erhält der berühmteste und älteste Raum des Rathauses, der historische Friedenssaal. Er diente ursprünglich als Ratssaal und wurde erstmals 1250 als Versammlungsort für die Justiz genutzt. Seinen Namen verdankt der kunstvolle Raum einem ganz besonderen Ereignis: Hier fand am 15. Mai 1648 der Austausch der unterschriebenen Verträge des Friedens von Münster statt, der sich bis heute auf die europäischen Beziehungen auswirkt. Ein Kollateral-Gewinn der Verhandlungen war der Spanisch-Niederländische Teilfrieden, der im Friedenssaal unterzeichnet wurde. Hierdurch erreichten die Vereinigten Provinzen der Niederlande die Unabhängigkeit von der Herrschaft der Habsburger in Spanien. Somit ist der Friedenssaal auch der Geburtsort der modernen Niederlande, was die große Anzahl niederländischer Besucher erklärt. Ebenfalls wurde hier die staatsrechtliche Unabhängigkeit der Schweiz anerkannt.

Münster war als Garnisons-, Verwaltungs- und Handelsstadt neben Köln, Duisburg und Aachen die im Zweiten Weltkrieg am schwersten getroffene Stadt in Nordrhein-Westfalen. Im Oktober 1944 zerstörten Bomben das Rathaus und den Friedenssaal. Einige schlaue Leute hatten 1942 vorsorglich die hölzerne Innenausstattung des Friedenssaales entfernt und in Sicherheit gebracht. Beim Wiederaufbau des Rathauses wurde er originalgetreu rekonstruiert und im Jahr 2003 komplett saniert. Highlights sind unter anderem die in handwerklicher Meisterleistung gestalteten prächtigen Bänke, Kronleuchter, Schränke und hölzernen Renaissance-Wandvertäfelungen. Ihre reichen, großartigen Schnitzereien aus der Zeit um 1577 zeigen christliche und weltliche Figuren, von denen viele auf Entwürfe Hermann tom Rings zurückgehen. Im Friedenssaal befindet sich auch eine Galerie, die 1649 vom Rat der Stadt erworben wurde und die Porträts der Diplomaten und Gesandten zeigen, die den Vertrag ausgehandelt haben.

Etwas versteckt, in einer Vitrine auf der linken Seite der Schauwand, sind drei teils mysteriöse Gegenstände aus Münsters Vergangenheit ausgestellt. Zu sehen ist ein Goldener Hahn, ein Damenschuh und eine abgetrennte, verweste Hand. Der Goldene Hahn ist ein wahrscheinlich um 1600 kunstvoll gearbeitetes Silbergefäß. Es kommt heute noch bei der Begrüßung von Ehrengästen zum Einsatz, die daraus nach

Der Friedensaal im Rathaus von Münster gehört zu den beliebtesten touristischen Zielen Münsters. Die hölzerne Renaissancevertäfelung des geschichtsträchtigen Saales stammt aus der Zeit um 1477. An seiner Westwand hängen die Porträts der Gesandten der Friedensverhandlungen.

dem Eintrag ins Goldene Buch der Stadt trinken.

Über die Herkunft und Ursache der Aufbewahrung des Damenschuhs aus den Jahren zwischen 1620 und 1640 gibt es nur Vermutungen. Einige nehmen an, dass der Pantoffel Elisabeth Wandscherer gehörte, die 1535 von ihrem Ehegatten, dem Täuferkönig Jan van Leiden, eigenhändig geköpft wurde. Andere glauben, der Schuh war in Besitz von Anne von Bourbon, Herzogin von Longueville, die ihren Mann Henri II. d' Orleans, Herzog von Longueville, zu den Friedensverhandlungen nach Münster begleitet hatte.

Hände schütteln in einem Friedenssaal ergibt Sinn. Eine abgeschlagene Hand erscheint in einem solchen Raum zunächst etwas sonderbar. Verständlicherweise ranken sich um ihre Herkunft viele Geschichten. Da in dem Saal bis ins 18. Jahrhundert auch Gerichtsverhandlungen abgehalten wurden, wird heute angenommen, es handelt sich um ein sogenanntes Leibzeichen eines Opfers. In mittelalterlichen Gerichtsprozessen mussten sowohl Täter als auch Opfer (vertreten durch die anklagende Hand) anwesend sein. Deshalb wurde in manchen Fällen eine Hand des Opfers als Leibzeichen chirurgisch abgetrennt und einbalsamiert, danach wurde die Leiche begraben. War der Prozess beendet, wurde auch die Hand bestattet. Konnte der Mörder nicht überführt werden, blieb sie in Verwahrung. Schrecklich schön!

24 Der nächste Winter kommt bestimmt
Schneekatastrophen im Münsterland

Extreme Winterwetterlagen mit Schnee im Übermaß sind im Münsterland nicht die Regel, aber auch nicht die Ausnahme. Schon im sogenannten Eiswinter 1962/63 befanden sich Münster und seine ländliche Umgebung fest im Griff eines Grönlandhochs. Ab Weihnachten versank die Landschaft unter Bergen von Schnee. In den schlecht isolierten Nachkriegswohnungen wurde bei minus 15 Grad geschlottert und gefroren.

Sturm und Schneewehen brachten an der Jahreswende 1978/79 das Leben in Norddeutschland fast vollständig zum Erliegen. Ein extremer Temperatursturz von plus zehn auf bis zu minus 20 Grad führte zu einer der größten Schneesturmkatastrophen der vergangenen hundert Jahre in Mitteleuropa. Große Bereiche Norddeutschlands und des Münsterlandes erstarrten unter meterhohen Schneeverwehungen.

Ende November 2005 stehen in vielen münsterländischen Haushalten Kerzen auf dem Tisch. Der Strom ist ausgefallen, die Heizung ist kalt, im Münsterland herrscht Schneechaos. Es schneit und schneit und schneit. Zu der Zeit wusste noch niemand, welches Ausmaß der Stromausfall haben wird, denn die Schneekatastrophe fing ganz langsam an. Es begann mit einer für das Münsterland ungewöhnlichen Wetterlage. Torsten war schuld. Nein, nicht der Torsten. Ein Tief mit gleichem Namen bildete sich am 24. November über dem Europäischen Nordmeer westlich von Norwegen. Mit einer kräftigen Nordströmung im Schlepp zog Torsten bis zum Morgen des 25. November in die Niederlande und entwickelte sich zu einem Sturmtief. Dabei gelangte schnell arktische Polarluft nach Süden und in den Nordwesten Deutschlands. Unterwegs nahm die Luft viel Wasser auf, wodurch starke Schneefälle ausgelöst wurden. Die Kombination aus feuchtem Schnee, stürmischen Böen und der lange Aufenthalt des Tiefs führten schließlich zu der Schneekatastrophe. In einem ansonsten eher schneearmen Gebiet führten derartige Schneemassen schnell zu einem Verkehrschaos. Mehrere Autobahnen mussten gesperrt werden, wodurch es zu kilometerlangen Staus kam. Viele Autofahrer waren stundenlang in ihren Autos eingeschlossen und mussten mit Getränken und Decken versorgt werden.

Defekte Oberleitungen durch umgestürzte Bäume führten auch zu Störungen im Zugverkehr. Im Bahnhof Münster wurde der Bunker für gestrandete Reisende geöffnet.

Noch viel schwerwiegender aber war die Unterbrechung der Stromversorgung, die zu einer der größten Stromausfälle der Nachkriegszeit in Deutschland führte. Der sehr nasse und schwere Schnee hatte einen dicken Eispanzer um die Hochspannungsleitungen gelegt, die dadurch extrem durchhingen oder sogar abrissen. Der stürmische Wind brachte die dick vereisten Stromleitungen zusätzlich in derart starke Schwingungen, dass selbst die stabilen Strommasten aus Stahl dem

Münster 2005 im Schnee. Der Winterdienst kam kaum noch mit der Räumung der Straßen hinterher.

Gewicht nicht standhalten konnten und wie Streichhölzer umknickten. Dadurch waren viele der 250.000 betroffenen Einwohner tagelang vom Stromnetz getrennt. Mehrere Gehöfte und Ortsteile mussten sogar noch länger ohne Strom auskommen. Neben zahlreichen Wild- und Haustieren fielen der eisigen Katastrophe auch viele Nutztiere zum Opfer.

Besonders betroffen von den Stromausfällen waren die Milchkuh-Betriebe. Die Tiere konnten nicht mehr versorgt werden, weil die elektrischen Melkanlagen nicht mehr funktionierten. Wie früher manuell zu melken, war keine Alternative, weil die kalte Hand des Melkers die Kuh des 21. Jahrhunderts nur irritiert hätte.

Im Gegensatz zur eisigen Katastrophe von 1978, wo mehr als zwanzig Menschen starben, verlief das Schneechaos 2005 bis auf die hohen Sachschäden alles in allem glimpflich.

Ins Land der Märchen und Kuriositäten versetzt fühlt sich der Leser bei der Aussage, dass die stromfreien Tage neun Monate später auf den Entbindungsstationen der unterländischen Krankenhäuser zu einem Babyboom führten. Sicher, als die Schneekatastrophe die Lichter löschte, konnte man (Mann) (und Frau) ja nichts unternehmen und so rückten viele bei Kerzenschein zusammen und es loderten nicht nur die Flammen des Kaminfeuers. Trotz der körperlichen Nähe gab es in den besonders vom Schneechaos betroffenen Landkreisen eher weniger als mehr Geburten. Schneechaos-Kinder sind, genauso wie WM-Babys, ein Wintermärchen.

25 Über den Dächern von Münster
Der höchste Arbeitsplatz der Stadt

Eines der ältesten und im wahrsten Sinne des Wortes höchsten Büros in Münster befindet sich im Turm der Lambertikirche. In der Turmstube versehen seit vielen Jahrhunderten Türmer ihren Dienst. Fast jede größere Stadt, die über einen hohen Turm verfügte, beschäftigte im Mittelalter einen oder mehrere Türmer. Sie hatten primär die Aufgabe, die Stadtbevölkerung vor Gefahren zu warnen.

Dazu gehörten herannahende feindliche Truppen und Überfälle durch Räuberbanden. Genauso wichtig war die Ausschau nach Bränden. In den mittelalterlichen Städten standen die Gebäude eng aneinander, waren meist aus Holz gebaut und mit Stroh gedeckt, weil Stein als Baumaterial viel zu teuer war. In handwerklichen Betrieben wurde Feuer ständig in großem Umfang verwendet. Hinzu kam, dass die Menschen oftmals mit Torf heizten, dessen Asche lange nachglühte. Kerzen und Öllampen als Lichtquellen und menschliche Unachtsamkeit im Umgang mit Feuer lösten ebenfalls häufig Brände aus. Und in solchen Fällen alarmierte der Türmer mit Glockenschlägen die Bevölkerung. Trotzdem hatte der Beruf des Türmers im ausgehenden Mittelalter kein ständisches Ansehen und galt als unehrlich. Erst im Zeitalter der Aufklärung stellte der Stadtrat von Münster fest, dass „das gesamte Wohl der Stadt" vom Türmer abhängt.

Einige Städte, so auch Münster, haben die Tradition des Turmwächters beibehalten. Die erste urkundliche Erwähnung eines Türmers in Münster stammt aus dem Jahr 1383. 631 Jahre nach dem ersten Einsatz eines Türmers arbeitet zum ersten Mal eine Frau auf diesem Posten. Seit Januar 2014 hält Martje Saljé hoch oben im Turm der Lambertikirche die Wache über die Hauptstadt des Münsterlandes. Sie ist eine von drei Türmerinnen in Deutschland.

300 Treppenstufen führen zu ihrem Arbeitsplatz in der Türmerstube. Die mühsame Strecke geht es nach Mitternacht wieder herunter, denn Martje Saljé lebt nicht oben auf dem Turm, sie arbeitet dort. Vom Aussichtspunkt des 75 Meter hohen St.-Lamberti- Kirchturms hat sie einen herrlichen Rundblick auf Münster und die Umgebung. Dieser Ausblick ist notwendig für ihre Aufgabe, über die Stadt zu wachen und die Uhrzeit zu melden. Von 21 bis 24 Uhr (außer dienstags) bläst sie alle halbe Stunde dazu in ein geschwungenes Horn aus Kupfer. Dabei geht das Zeitsignal in Richtung Prinzipalmarkt und Lambertusbrunnen im Süden, Domplatz im Westen und Drubbel im Norden. Dann wissen die Münsteraner, dass alles in Ordnung ist. In Richtung Osten gab es der Legende nach einen Friedhof. In diese Richtung blieb das Signal aus, um die Totenruhe zu bewahren. Vor Feinden muss sie heute nicht mehr warnen, dafür aber beide Augen offenhalten und mit einem Fernglas zur Hand und einem direkten Draht

In Münster wurde ein Turmwächter erstmals 1383 urkundlich erwähnt. Seit Januar 2014 arbeitet erstmalig eine Frau auf diesem Posten.

zur Feuerwehr nach Bränden Ausschau halten. Tatsächlich hat sie schon mehrfach beim Blick über die Bischofsstadt Brände entdeckt und Alarm geblasen.

Als Angestellte der Stadt ist die Türmerin aber nicht nur verantwortlich für die Sicherheit der Domstadt. Zu ihren Aufgaben gehören außerdem Interviews mit Medienvertretern auf der ganzen Welt, Vorträge vor Vereinen und Institutionen, Recherche zur Stadtgeschichte und Betreuung ihrer Internetauftritte.

Deutschlands bekanntester Türmer heißt Lynkeus – der in Johann Wolfgang von Goethes „Faust II" sein Lied singt. Deutschland bekannteste Türmerin heißt Martje Saljé. Und wenn man sie fragt, wie lange sie den Beruf ausüben will, sagt sie, so lange es geht. Dann benötigt sie sicher einmal ein neues Möbelstück für das Turmzimmer. Interessant anzusehen wären wohl die Gesichter der Möbeltransporteure bei der Anlieferung, wenn sich Martje Saljé ein Sofa frei Haus bestellt hätte …

26 Wer „A" sagt, muss auch „See" sagen

Der Aasee in Münster

Die Entwicklung der Städte ist seit Jahrhunderten unmittelbar mit dem Wasser verbunden. Es wurde lange Zeit als Trinkwasser und Energiequelle genutzt, diente aber auch vielfach fast ausschließlich dem Transport von Abwasser. Die Ressource Wasser wird heute neben der Nutzung seiner funktionellen Eigenschaften zunehmend als Gestaltungselement entdeckt. Wasser ist zum Erlebnis geworden.

Stadthäfen werden für Dienstleistung, Freizeit, Kultur und Wohnen umgebaut, bei schönem Wetter pulsiert an Uferzugängen und Freitreppen das Leben, kanalisierte Bäche werden renaturiert und Wasserspiele auf öffentlichen Plätzen locken nicht nur Kinder an. An vielen Orten werten Wasserläufe und -flächen das Stadtbild auf, sorgen für ein angenehmes Stadtklima und verbessern die Qualität einer Innenstadt. Die neue Hinwendung zum Wasser in der City ist mit Naherholung verknüpft.

In Münster sind das alles olle Kamellen, wie man dort sagt. Wasser in der Stadt gibt es schon seit der Fertigstellung des Aasees im Jahre 1934. Die Idee zum Bau des Sees hatte schon 1896 der erste Zoodirektor des Westfälischen Zoologischen Gartens, Professor Hermann Landois. Dabei ging es ihm primär nicht um die Verschönerung des Stadtbildes. Im 19. Jahrhundert befand sich an der Stelle des heutigen Sees ein von dem Flüsschen Aa durchflossenes Feuchtgebiet, dass regelmäßig überflutet wurde. Nicht selten war die Altstadt von Münster davon mitbetroffen. Der See sollte die Bewohner als Stausee vor dem Hochwasser schützen. Weitere Ziele des Aasee-Projekts waren die Kontrolle des Pegelstandes der zum Aasee aufgestauten Aa, die Sicherstellung der Trinkwasserversorgung der Stadt und die Spülung des Aa-Betts zur Reduzierung der Krankheitserreger, weil das Flüsschen zugleich als Abwasserkanal der Stadt genutzt wurde.

Schlussendlich sollten Sportangebote wie Rudern, Segeln und Schwimmen den Aasee schnell zur Erholungs- und Freizeiteinrichtung für die Münsteraner machen.

Hermann Landois hat den Bau des Sees nicht mehr miterlebt. Im Frühjahr 1914, neun Jahre nach seinem Tod, wurde mit dem Aushub des Sees begonnen. Schon kurze Zeit später unterbrach der Erste Weltkrieg die Arbeiten. Erst nach der Hochwasserkatastrophe von 1925 wurden die Aktivitäten weitergeführt. Nach neun Jahren Bautätigkeit war der Aasee dann endlich fertiggestellt. Der „alte“ Aasee verlief damals bis zur heutigen Torminbrücke. Mit der Zeit vergrößerte sich sein Nutzungsbedarf. In den Jahren 1972 bis 1976 wurde der See im Zuge der Baumaßnahmen für den Allwetterzoo Münster südlich der Torminbrücke um 19,5 Hektar auf fast die doppelte Fläche erweitert. Seit dieser Zeit hat er seine heutige Form und Größe. Das 40,2 Hektar große Gewässer hat einen Umfang von fünf Kilometern und ist maximal 2,3 Meter tief. Sein Abfluss und sein Zufluss ist die Münstersche Aa, von der er auch seinen Namen hat. Der Terminus ist vom mittelhochdeutschen „ahe“ für Fluss, Wasser, Gewässer abgeleitet.

Der Aasee gehört heute ganz selbstverständlich zum Bild der Domstadt. Seine Wasserflächen wirken im Sommer kühlend und beeinflussen somit das Stadtklima positiv. Mit seinen ausgedehnten Promenaden, Wiesen, Spielplätzen und seinen zwei kleinen Segelboothäfen ist er das größte Naherholungsgebiet und ein Freizeit- und Sportparadies für die Münsteraner und ihre Gäste.

Der große Aaseepark wurde mehrfach mit Preisen ausgezeichnet. Nachdem er schon im Jahr 2008 zu Deutschlands „Schönstem Park“ gewählt worden war, wurde er 2009 als „Schönster Park“ Europas ausgezeichnet. Was hätte Hermann Landois gesagt, wenn er seine in Erfüllung gegangenen Ideen heute sehen könnte? Wir wissen es nicht. Was wir bestimmt sagen können: Wasser belebt, Wasser motiviert. Wo Wasser ist, ist Leben.

Der Aasee ist nur 15 Fußminuten vom Prinzipalmarkt entfernt und daher Münsters zentralstes Naherholungsgebiet.

27 Schöner Wohnen im Spätbarock

Der Architekt Johann Conrad Schlaun

Der 1695 in Nörde, heute ein Stadtteil von Warburg, geborene Johann Conrad Schlaun gilt als der bedeutendste Barockbaumeister Westfalens. In seiner frühen Schaffenszeit und gelegentlich in späteren Jahren war er auch im Rheinland tätig. Sein unverwechselbarer Baustil war gekennzeichnet durch die Verknüpfung der westfälischen Bautradition mit Stilrichtungen des Barocks aus Wien, Franken, Paris und Rom.

Die Architektur Schlauns war klar in ihrer Form. Symmetrie war sein oberstes Gebot. Dabei achtete er stets darauf, dass schmückende Elemente gegenüber der Baumasse präzise abgestimmt waren. Sein Markenzeichen war ein immer wiederkehrender Dreiklang aus hellem Baumberger Sandstein, westfälischem Rotbackstein und weißen Sprossenfenstern, der als „Westfälische Sinfonie" in die Architekturgeschichte einging. Es machte ihn zu einem der originellsten Vertreter des deutschen Spätbarocks.

Der junge Mann mit dem energischen Kinn und der eindrucksvollen Nase besuchte mit mäßigem Erfolg das Jesuitengymnasium in Paderborn. Die Schule war, so würde man heute sagen, „nicht ganz sein Ding". Besser funktionierte der Dienst beim Militär, bei dem er sein Fähnrichspatent erwarb und in den beiden folgenden Jahren eine Ausbildung zum Ingenieuroffizier mit den Schwerpunkten Vermessung und Baukunst absolvierte. Es folgte 1715 eine steile Karriere zum Leutnant und Ingenieur im Fürstentum Paderborn. Dem folgte im Fürstbistum Münster der Aufstieg über die Ränge des Hauptmanns, Majors und Obersten bis zum Generalmajor der Artillerie im Jahre 1745 und 1750 zum Gouverneur der Festung Meppen.

Förderer Schlauns war der Kölner Kurfürst und Erzbischof Clemens August, der gleichzeitig die Bistümer Münster, Paderborn, Osnabrück und Hildesheim sowie das Erzbistum Köln regierte. Seit 1729 stand Schlaun in den Diensten des prunkliebenden Rokokofürsten, der aus seiner süddeutschen Heimat hinsichtlich der Baukunst Großes gewohnt war und der den Karrieresoldaten auf die Erfolgsrampe zu einer großen Karriere schob. Nach frühen Architekturerfahrungen bei Gottfried Laurenz Pictorius (Jesuitenkolleg in Büren) und Lambert von Corfey (Schloss Drensteinfurt) unternahm Schlaun auf Veranlassung des Kurfürsten in der Zeit von 1719 bis 1723 Bildungsreisen nach Würzburg zum Baumeister Balthasar Neumann, dem begnadeten Treppenhausbauer, dann nach Rom, Paris und München, wo er hauptsächlich die barocke Architektur studierte und viele Anregungen gewann.

Bedingt durch seine Militärkarriere arbeitete Schlaun in erster Linie als Architekt im Auftrag des Kurfürsten, dessen Hofbaumeister er ab 1729 war; er konnte aber auch private Aufträge übernehmen. Für nichts war er sich zu schade. Ob

Johann Conrad Schlaun auf einem Bild von Matthias Kappers (etwa 1765).

Neu- oder Umbau, er baute alles, was an kirchlichen oder profanen Anlagen gewünscht wurde. Wer seinen Namen hört, denkt zuerst einmal an die prächtigen Schlösser, die er geplant, gebaut oder vollendet hat: Schloss Brühl oder Schloss Nordkirchen.

Daneben schuf der General Stadt- und Landhäuser, Kirchen wie die Clemenskirche und die Dominikanerkirche, Kapellen und Stiftshäuser, aber auch weniger repräsentative Nutzbauten wie ein Packhaus mit Hebekränen am Max-Clemens-Kanal in Münster und sogar ein Zuchthaus. Er plante ausgedehnte Gartenanlagen und ganze Viertel wie den Promenadenring von Münster und den Ortskern von Nottuln, der nach einem verheerenden Brand 1748 zerstört wurde. Von ihm konstruierte Brückenpfeiler, Figuren und Tore schmückten herrschaftliche Schlosszufahrten. Feinsinnig in der Ästhetik und mit Liebe zum Detail setzte er seine Ideen um. Er entwarf Taubenhäuser bis zur Platzierung der Nester, Laternen, ja sogar einen Bratenwender für die Schlossküche.

Die unerschöpfliche Fantasie und Kraft Schlauns hat überall in Münster und in der gesamten Region Spuren hinterlassen. Von seinen Hauptwerken, die heute noch bestehen, sollen hier die Clemenskirche, der Erbdrostenhof und das Residenzschloss, alle in Münster, die Stiftskurien in Nottuln, das Jagdschloss Clemenswerth im Emsland, wohl eine der reifsten Schlaun-Schöpfungen, Schloss Augustusburg in Brühl und Schloss Nordkirchen, das „westfälische Versailles“, genannt werden.

Conrad Schlaun erarbeitete sich ein beträchtliches Vermögen, baute sich einen Landsitz, das Haus Rüschhaus, später Wohnsitz der Dichterin Annette von Droste-Hülshoff, und ein Stadtpalais in Münster auf der Hollenbeckerstraße, das aber nicht mehr vorhanden ist.

Der Baumeister und General der Artillerie Johann Conrad Schlaun war zweimal verheiratet und hatte sieben Kinder. Er starb 1773 in seiner Wahlheimat Münster.

28 Der Mann und seine Wunderstute
Hans Günter Winkler

Gerd Wiltfang, Hartwig Steenken, Alwin und Paul Schockemöhle, Fritz Thiedemann, Otto Becker und Ludger Beerbaum – die Liste der großen deutschen Springreiter ließe sich nach Belieben fortsetzen. Aber wenn die Leute auf der Straße gefragt würden, welcher Name ihnen spontan zum deutschen Springreiten einfällt, sie würden wohl Hans Günter Winkler nennen.

Goldfever, Walzerkönig, Meteor, auch die Reihe der großen deutschen Springpferde ist lang. Aber kein anderes Pferd, nicht einmal Paul Schockemöhles Deister hat eine solche Berühmtheit erreicht wie Halla, die Stute von Hans Günter Winkler. Das Traumpaar des deutschen Pferdesports begeisterte und faszinierte in den Nachkriegsjahren auch diejenigen, die sich sonst kaum oder gar nicht für Pferde und ihre Reiter interessierten.

Hans Günter Winkler wurde am 24. Juli 1926 in Barmen, heute ein Stadtteil von Wuppertal, als Sohn eines Reitlehrers geboren, wodurch er schon früh mit Pferden in Kontakt kam. Sein Vater, Paul Winkler, fiel als Soldat in der letzten Woche des Zweiten Weltkriegs. Der Junge wurde als Flakhelfer eingezogen und geriet kurzzeitig in amerikanische Kriegsgefangenschaft, aus der er jedoch flüchten konnte. Er flieht nach Frankfurt, wo er das Haus seiner Mutter durch Bombenangriffe zerstört vorfindet. Über einen Freund seines Vaters findet der Zwanzigjährige Arbeit im Reitstall der Landgräfin von Hessen im Schloss Friedrichshof in Kronberg, wo sich amerikanische Offiziere einquartiert hatten. Mit dem verdienten Geld hält er seine Mutter und sich selbst über Wasser. Winkler wird Reitlehrer der Amerikaner, darunter der spätere US-Präsident Dwight D. Eisenhower. Der möchte ihn sogar adoptieren, was Hans Günter der Mutter zuliebe ablehnt. 1948 begann er eine Lehre in einem Textilgeschäft in Frankfurt. Im Reitsport hatte sich Winkler innerhalb weniger Jahre an die Spitze hochgearbeitet und war schon im Olympiajahr 1952 einer der Besten. Teilnehmen durfte er in Helsinki aber nicht; wegen seiner Tätigkeit als Reitlehrer nach Ende des Zweiten Weltkriegs war ihm der Amateurstatus aberkannt worden.

Erst eine Intervention des damaligen Vorsitzenden des Deutschen Sportbundes Willi Daume erreicht die Zurückstufung Winklers zum Amateur. Der Weg zur nächsten Olympiade in Stockholm war damit frei. Hier kam es am 17. Juni 1956 zu dem unvergesslichen Ritt auf der Stute Halla, der Winkler zur Reitsport-Legende machte.

Den ersten Umlauf begannen Winkler und Halla gewohnt souverän, doch an Sprung 13 riss sich Winkler einen Muskel in der Leiste. Er brachte den Umlauf zwar irgendwie zu Ende, aber der Traum vom Sieg schien in weiter Ferne. Als Winkler zu seiner zweiten Runde antrat, war es offensichtlich, dass er immer noch

Halla, die legendäre Wunderstute, trug 1956 in Stockholm den schwer verletzten Springreiter Winkler fast ganz allein zum Olympiasieg. Reporter Hans-Heinrich Isenbart hielt den Augenblick damals mit den Worten fest: „Und Halla lacht, als wüsste sie, um was es geht."

große Schmerzen hatte. Augenzeugen berichteten, dass er die Stute nur noch in die richtige Richtung lenkte, so ruhig wie möglich sitzen blieb und ihr den Rest überlassen musste – an Reiten war nicht zu denken. Unglaublich, die Stute, die die Not ihres Reiters zu verstehen schien, trug ihn einfach auf ihrem Rücken und sprang den gesamten Parcours ohne Fehler, wodurch beide die Goldmedaille gewannen.

Obwohl er seinen größten Triumph mit dem Wunderpferd Halla hatte, ritt und trainierte Hans Günter Winkler auch viele andere Pferde zu Olympia- und Meisterschaftserfolgen. „HGW", wie er genannt wurde, war 36 Jahre lang Springreiter, er brachte es im Sattel auf fünf olympische Goldmedaillen, eine Silber- und eine Bronzemedaille; zwei Einzel-Weltmeisterschaften sowie eine Europameisterschaft, außerdem vertrat der fünffache Deutsche Meister Deutschland in 107 Nationenpreisen. Eine astronomische Leistung. Winkler war der erfolgreichste Springreiter aller Zeiten. Er wurde mit Preisen überhäuft, war unter anderem „Sportler des Jahres" und „Sportler des Jahrzehnts". Seine Wunderstute wurde ebenfalls preisgekrönt. In Warendorf, Deutschlands ruhmreicher Pferdestadt, ist eine Straße nach Halla benannt. Sie steht als lebensgroße Bronzeplastik vor dem Deutschen Olympiade-Komitee für Reiterei und kein Turnierpferd darf jemals in Deutschland auf den Namen Halla eingetragen werden.

Im Alter kümmerte sich Hans Günter Winkler um sein Anwesen, den Birkenhof bei Warendorf im Münsterland. Dem Reitsport ist er, insbesondere für den Nachwuchs, bis zuletzt treu geblieben. Er starb im Juli 2018 im Alter von 91 Jahren.

29 Code civil und Hausnummern
Die Franzosenzeit im Münsterland

Die wirtschaftlichen, sozialen und politischen Interessen der Bevölkerung Münsters und des Münsterlandes wurden über Jahrhunderte hinweg durch einen geistlichen Landesherrn und die Mitregierung der mächtigen Landstände vertreten. Hierdurch war die Region um die Wende zum 19. Jahrhundert in mehrfacher Beziehung noch stark mittelalterlich strukturiert.

Das Ende des Heiligen Römischen Reiches Deutscher Nation bedeutete das Aus für die geistigen Fürstentümer und damit auch für das Fürstbistum Münster. Das Münsterland und seine Bewohner wurden dadurch zum Spielball der großen Politik. Nach dem Tod des münsterländischen Landesherrn Fürstbischof Max Franz aus dem Hause Habsburg wurde 1802 das Fürstbistum Münster aufgehoben und dessen östlicher Teil dem Königreich Preußen zugeschlagen. Das westliche Münsterland wurde als Entschädigungsmasse für die Abtretung des linken Rheinufers an mehrere landfremde Fürsten verteilt, nachdem sich die Republik Frankreich bis an den Rhein ausgedehnt hatte.

Die erste preußische Herrschaft dauerte jedoch nicht lange. 1806 wurden die Preußen nach der verlorenen Doppelschlacht bei Jena und Auerstedt von den Franzosen auf ihre Kerngebiete nördlich der Elbe zurückgedrängt. Französische Truppen zogen in Münster ein – die „Franzosenzeit" begann. Sie brachte auf unterschiedlichen Gebieten Neuerungen und veränderte damit die rigiden wirtschaftlichen und gesellschaftlichen Strukturen des Alten Reiches fundamental. Die wichtigen Erlasse kamen jetzt aus Paris. Amtssprache war fortan Französisch. Die Territorien wurden neu eingeteilt, die Verwaltung straff gegliedert und dem französischen Vorbild angepasst. Die Menschen lebten jetzt in Departements, etwa vergleichbar mit einem heutigen Regierungsbezirk, in Arrondissements, etwa einem heutigen Kreis entsprechend, in Kantonen, den ehemaligen Ämtern, und in den Mairien, den ehemaligen Bürgermeistereien, deren Spitze nicht Bürgermeister, sondern Maire genannt wurde.

Seit dem 14. November 1808 gehörte Münster zum Département Ems des Großherzogtums Berg und wurde am 27. April 1811 von Berg an Frankreich abgetreten. Dadurch wurde Münster Hauptstadt des zu diesem Zeitpunkt neu gebildeten Départements Lippe und Sitz einer Mairie, welche die Stadt und die benachbarten Gemeinden verwaltete.

Ein Kennzeichen der französischen Besetzung war die Säkularisierung. Der Adel und alle ständischen Privilegien wurden aufgehoben, der geistliche Besitz verweltlicht, viele Klöster geschlossen und enteignet, die Abhängigkeitsverhältnisse sowie alle Feudalrechte wurden abgeschafft, die bürgerliche Gleichheit hergestellt.

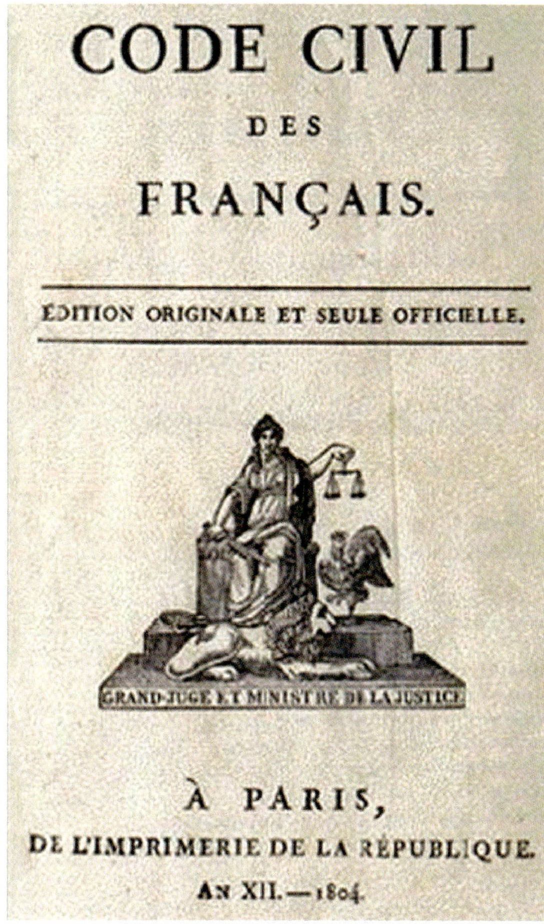

CODE CIVIL

DES

FRANÇAIS.

ÉDITION ORIGINALE ET SEULE OFFICIELLE.

GRAND-JUGE ET MINISTRE DE LA JUSTICE

À PARIS,

DE L'IMPRIMERIE DE LA RÉPUBLIQUE.

AN XII. — 1804.

1809 wurde das neue Gesetzbuch Napoleons, der Code civil, im Münsterland eingeführt. Er war eine der Grundlagen des im Jahr 1900 für ganz Deutschland eingeführten Bürgerlichen Gesetzbuches.

1809 wurde das neue Gesetzbuch Napoleons, der Code civil, das französische Gesetzbuch zum Zivilrecht, auch im Münsterland eingeführt. Es trug entscheidend zur Modernisierung Deutschlands bei und gilt heute als einmalig in der europäischen Rechtsgeschichte. Weitere Neuerungen in der napoleonischen Zeit waren unter anderem ein einheitliches Münzwesen, die Vereinheitlichung von Maßen und Gewichten und die Einführung der Dezimalrechnung sowie der Hausnummern.

Andererseits litt die Bevölkerung unter den zunehmenden Steuerforderungen der neuen Machthaber zur Finanzierung der Kriege. Ein weiterer Grund, der das Verhältnis der Münsterländer zu Napoleon verschlechterte, war die Verpflichtung der Stadt, eine große Zahl Männer für seine Kriegsziele abzustellen. Nicht wenige Familien verloren dadurch ihren Haupternährer und stürzten ins tiefe Elend. Wer einen Ersatzmann fand, Remplaçant genannt, konnte zu Hause bleiben. War der Stellvertreter aber zu teuer, wurde schnell geheiratet, medizinische Atteste wurden gefälscht oder man schlug sich die Zähne aus. Die wurden nämlich beim Aufbeißen der Patronenhülse gebraucht. Wenigen Deserteuren gelang es, unterzutauchen und unentdeckt zu bleiben – außerdem wurden dann Eltern, Paten oder Vormunde zum Ersatz verpflichtet. Da wurde bei der Meldung beim Standesamt der neugeborene Sohn Johann schnell einmal zur Johanna …

Im Rahmen der Befreiungskriege 1813 vertrieben preußische und russische Truppen die Franzosen aus Münster. Die verlorene Schlacht bei Waterloo besiegelte Napoleons politisches Ende. Nach dem Wiener Kongress 1814/15 wurde Münster endgültig dem Königreich Preußen zugeteilt.

30 Rock, rock, rock everybody
Das rock'n'popmuseum in Gronau

So mancher interessierte Leser dieser Überschrift wird sich zuerst einmal die Frage stellen: Was ist eigentlich Rockmusik und was ist Popmusik? Darauf eine kurze, präzise und jedermann zufriedenstellende Antwort zu geben, wird kaum möglich sein. Dazu sind seit der Mitte der 1950er-Jahre einfach zu viele unterschiedliche Personal- und Gruppenstile entstanden.

Bill Haley gab 1955 mit seinem Rock-A-Beatin' Boogie (Textzeile: „Rock, rock, rock everybody") der neuen Musikmode ihren Namen. Der Begriff Rock ist musikalisch am besten durch seine klassische Instrumentierung aus Gesang, E-Gitarre, Bassgitarre und Schlagzeug zu erklären. Das englische Wort „rock" (= Felsen) soll auf eine eher raue Spielweise hindeuten. In der Rockmusik spielt auch immer eine gewisse Aggressivität eine Rolle. Der Terminus Rockmusik ist ein Überbegriff für alle Musikrichtungen, die aus dem Rock 'n' Roll entstanden sind, wie beispielsweise Softrock, Hardrock, Heavy Metal, Punkrock, Glamrock und andere.

Im Gegensatz dazu ist bei der Popmusik keine klare Musikrichtung auszumachen. Der Name „Pop" ist abgeleitet von dem Wort „popular", was etwa bekannt oder beliebt bedeutet. Damit ist jegliche Musik gemeint, die populär ist und damit von einem beträchtlichen Teil der Bevölkerung gemocht wird. Hierbei steht der kommerzielle Erfolg für die Komponisten, Produzenten und Musiker häufig im Mittelpunkt. Berühmte Pop-Bands sind zum Beispiel „ABBA", „Genesis", „Erasure" oder die „Backstreet Boys". Jedem bekannt sind die Popmusiker Michael Jackson, der King of Pop, Tina Turner, Madonna, Robbie Williams, Mariah Carey, Céline Dion oder Britney Spears.

Der Übergang von Rock zum Pop ist häufig fließend. Was der eine Musikkenner zum Rock zählt, gehört beim anderen zum Pop. Eine genaue Zuordnung beider Begriffe ist also nicht immer einfach. Aber es gibt Hilfe aus dem Münsterland. Darum ab nach Gronau ins rock'n'popmuseum, dem Museum für Populärkultur. Hier bekommt der Besucher umfassende Informationen zu rund 100 Jahren Rock- und Popgeschichte. Das bundesweit einzige Haus dieses Genres wurde am 21. Juli 2004 nahe der niederländischen Grenze gegründet. Als Gebäude dient die Turbinenhalle des ehemaligen Textilunternehmens Mathieu van Derden in Gronau, der einstigen Hochburg der Textilindustrie. Bis 1939 befand sich hier die größte Spinnerei Europas.

Der berühmteste Sohn der Stadt Gronau, Udo Lindenberg, sagte dazu: „Die Turbinenhalle wird zur Windmaschine, sie pustet stets frischen Wind und quirlige Bewegung in die Gesellschaft. (…) Das Rockmuseum wird ein Jungbrunnen für Gronau sein. Das wünsch' ich euch, von ganzem frischen Rock 'n' Roll-Herzen."

Die Rocklegende ist es dann auch, die am Eingang des Museums jeden Gast auf

Das Rock- und Popmuseum in Gronau ist das einzige seiner Art in Europa.

einer Multimonitor-Animation höchstpersönlich begrüßt.

Das in Europa einzigartige Ausstellungskonzept verbindet Erlebnis mit Information, sinnliche Erfahrung mit Interaktion. Mit Kopfhörern bewegt sich der Besucher frei von Exponat zu Exponat und erhält dabei einen Überblick über die verschiedenen Musikstile, Künstler und Epochen. Dabei wird er durch Tondokumente herausragender Musiker in ehemalige Konzertstätten versetzt.

Wie macht man Musik? Das lässt sich gut im obersten Stockwerk beantworten. Hier im funktionsfähigen Originalstudio der avantgardistischen Band „Can" mischen Studierende der Tontechnik CDs von Schülerbands ab.

In der Dauerausstellung machen zahlreiche Exponate wie die Bühnendekoration der „Scorpions" oder ein Hemd von Jimmy Hendrix, eine Gitarre von George Harrison, ein Jumpsuit von Madonna, ein Anzug von Ringo Star oder ein Jackett von Frank Sinatra die Popmusik erlebbar. Sonderausstellungen runden das Angebot ab. Das Museum übernimmt aber auch die Rolle eines Kulturzentrums. In der großen Halle für Sonderausstellungen finden im Herbst regelmäßig kleinere Clubkonzerte statt. Nicht zuletzt ist das Haus auch ein Ort der Wissenschaft und Bildung. Es verfügt über eine umfangreiche Datenbank mit Fakten zur Rock- und Popmusik und ist Standort seriöser wissenschaftlicher Aufarbeitung seines Themas, indem es Workshops und Seminare anbietet und mit anderen Institutionen, Schulen oder den großen Musik-Organisationen zusammenarbeitet.

Das rock'n'popmuseum wurde 2020 von „Focus Money" mit dem Siegel „Deutschlands Bestes Museum" ausgezeichnet.

31 Vom Ruhrrevier bis ans Meer
Der Dortmund-Ems-Kanal

Der Dortmund-Ems-Kanal zählt zu den längsten und zu den bedeutendsten Wasserstraßen in Deutschland und in Europa. Er verbindet den größten Kanalhafen Europas in Dortmund mit Emdens Seehafen an der Nordsee und bildet dadurch das Rückgrat des Westdeutschen Kanalnetzes.

Die ersten 15 Kilometer führen den Dortmund-Ems-Kanal von Dortmund nach Nordwesten bis Datteln, wo er sich in einer europaweit einzigartigen Konstellation, einer Begegnung der dritten Art, zuerst mit dem Rhein-Herne-Kanal und gleich darauf noch mit dem Datteln-Hamm- und dem Wesel-Datteln-Kanal trifft. Dieser Kanalknotenpunkt bildet neben der Rheinschifffahrt das Herz der westdeutschen Binnenschifffahrt.

Ab seinem Zusammentreffen mit dem Rhein-Herne-Kanal verläuft er als ausgebaute Kanalstrecke bis Papenburg parallel zur Ems, in welche er auch bei Papenburg übergeht. Bei Ibbenbüren zweigt der Mittellandkanal ab, bei Dörpen der Küstenkanal. Ab Papenburg über Emden bis zur Nordsee wird der weitere Verlauf der Bundeswasserstraße als Unterems bezeichnet. Der Kanal verläuft durch die Bundesländer Nordrhein-Westfalen und Niedersachsen und durchzieht dabei das Münsterland in Süd-Nord-Richtung. Er ist das Mittelstück im Netz der Wasserstraßen zwischen Rhein und Elbe, zu dem beispielsweise der Mittellandkanal, der Rhein-Herne- und der Oder-Havel-Kanal gehören.

Mit Spitzhacken und Schaufeln begannen anno 1892 4.500 Arbeiter mit dem Bau des ersten großen deutschen Kanals. Sieben Jahre später wurde er von Kaiser Wilhelm II. unter großem Tamtam eingeweiht. Der Kaiser versprach, dass der Kanal nur der Anfang ist: „So hoffe ich, dass dieses erste Glied, das wir heute eingeweiht haben, im Verhältnis zu dem großen Werke des Ausbaues unserer Wasserstraßen aufgefasst und verstanden werden wird.“ Damit spielte er auf den großen Widerstand an, der dem Bau des Dortmund-Ems-Kanals vorausgegangen war. Mit 225 Kilometern Länge, 15 Schleusen, fast 70 Meter Höhenunterschied und

Der Dortmund-Ems-Kanal auf der Höhe von Senden.

drei Flussüberquerungen (Lippe, Stever, Ems) sowie drei Straßenüberquerungen war er ein Kanal der Superlative.

Über Deutschlands Erz- und Kohlehafen Emden verlief jetzt der Eisenerzimport aus Schweden zu den Stahlhütten im Ruhrgebiet und in die andere Richtung der Kohleexport über die Nordsee. Hierdurch war das wirtschaftlich aufstrebende Deutsche Kaiserreich nicht mehr abhängig von der Verschiffung über den Rhein durch die Niederlande.

Vorzeigebau und bekanntestes Bauwerk des Dortmund-Ems-Kanals ist das Alte Schiffshebewerk Henrichenburg in Waltrop, das den Schiffen ermöglichte, einen Höhenunterschied von 14 Metern zu überwinden. Es war ein Schlüsselbauwerk des Dortmund-Ems-Kanals, denn erst mit seiner Fertigstellung war es möglich, dass der Kanal bis zum Dortmunder Hafen befahren werden konnte. Beim Bau des gigantischen Aufzuges wurde in Deutschland zum

ersten Mal ein Schwimmer-Hebewerk nach dem Auftriebsprinzip konstruiert. Die Schiffe wurden in einer Wanne mit Wasser gehoben und gesenkt. Das Meisterwerk der Ingenieurskunst erstaunt sogar Technik-Muffel. 70 Jahre lang tat das Hebewerk seinen Dienst und trug Frachtschiffe bis zu 600 Tonnen Gewicht über eine Geländestufe von 14 Metern. Es war von 1899 bis 1962 in Betrieb und wurde von einer modernen Anlage in unmittelbarer Nachbarschaft abgelöst.

„Kohle zu Berg und Erze zu Tal“, diese Aussage ist längst Vergangenheit. Der Dortmund-Ems-Kanal musste sich in den 122 Jahren seines Bestehens immer wieder neu erfinden. Er wurde ausgebaut, umgebaut, in neue Trassen verlegt und mit größeren Schleusen versehen. Heute sind auf dem Kanal je nach Ausbauzustand unterschiedliche Schiffsgrößen zugelassen. Entsprechend verschieden sind die Schiffsverkehre in diesen Streckenabschnitten.

Der Dortmund-Ems-Kanal sorgte nach seinem Bau mancherorts für einen wirtschaftlichen Aufschwung. So auch in Münster durch den zeitgleich erfolgten Bau des Kanalhafens. Heute hat der Hafen als Warenumschlagplatz kaum noch eine Bedeutung. Dafür besitzt er jetzt, zusammen mit dem Kanal und seinem Umfeld für viele Münsteraner Bürger einen großen Freizeitwert. Angler, Jogger, Ruderer tummeln sich hier ebenso wie Sportboote und Ausflugsdampfer. Schwimmer nutzen den Dortmund-Ems-Kanal im Sommer als Freibad, nicht zuletzt auch wegen seiner Nähe zur Stadt, seiner guten Wasserqualität und der begrünten Flächen auf beiden Seiten.

Ein Fernweg für Radwanderer führt von Dortmund aus 350 Kilometer durch das Münsterland, Emsland, Ostfriesland bis zum Wattenmeer in Norddeich. Also: Ab auf die Leeze, wie das Fahrrad im Münsterland heißt, und immer am Kanal entlang!

32 Viel Geschichte in den Zweigen
Die Femeiche in Erle

In Erle, einem Teil der Gemeinde Raesfeld im Kreis Borken, steht an einem historischen Gerichtsort die Femeiche. Sie gilt als ältester mitteleuropäischer Gerichtsbaum und wird im Volksmund auch „dusendjohrige Eken", also tausendjährige Eiche, genannt, was aber wissenschaftlich nicht belegt ist.

In vielen Orten stehen sogenannte tausendjährige Eichen, die bei genauer Untersuchung dieser Bezeichnung nicht gerecht werden. Nur selten lässt sich der Jahrgang alter Bäume durch Quellen oder Kernbohrungen verlässlich bestimmen. Insbesondere dann, wenn, wie bei der Femeiche in Erle, das älteste Holz aus dem Zentrum des Stammes fehlt. In den meisten Fällen beruhen die Altersdaten auf Schätzungen oder Überlieferungen. Einige Spezialisten schätzen das Alter der Stileiche mit dem schönen lateinischen Terminus *Quercus robur* eher auf 600 bis 850 Jahre. Damit wäre sie immer noch eine der ältesten Eichen Deutschlands. Andere meinen, dass der Baum aufgrund des Stammdurchmessers, der 1892 noch vier bis fünf Meter in Brusthöhe gemessen wurde, sogar über 1.500 Jahre alt ist. Dann müsste die Eiche wohl zur Zeit Karls des Großen schon ein mächtiger Baum gewesen sein.

Der alte Name Rabens- beziehungsweise Ravenseiche und die Bezeichnung „Aßenkamp" für die Umgebung des Baumes verweisen auf eine Verbindung zur germanischen Mythologie, denn die Raben galten bei den Germanen als Göttervögel oder Götterboten; heute würde man sie als „Götter-Berater" bezeichnen. Der Terminus „Aßen" meint ein germanisches Göttergeschlecht, was darauf hindeutet, dass der Baum dem höchsten germanischen Gott Wotan (Odin) geweiht war. In diesem Fall könnte die Femeiche vielleicht schon zu germanischer Zeit als Gerichtsstätte (Thingplatz oder Thingstätte) oder als Kultstätte benutzt worden sein. Einer Sage nach saß Odin selbst als Richter unter der Eiche, seine beiden Raben, Hugin und Munin, saßen in der Krone des Baumes. Es könnte sich bei der Eiche aber auch um einen Vorgänger der heutigen Femeiche gehandelt haben.

Gesichert ist, dass im Mittelalter im Schatten des Baumes das geheime Femegericht (Feme = Gericht, Strafe), das damals „den vryen Stoel tum Aßenkampe" genannt wurde, tagte. Femegerichte waren in dieser Zeit besonders in Westfalen verbreitet. Sie urteilten im Namen des Kaisers über Schwerverbrechen wie Mord, Raub, Vergewaltigung, Fälschung, Brandstiftung und Meineid, welche bei einem Schuldspruch die Todesstrafe durch den Strang oder das Schwert nach sich zogen, woran eine Skulptur aus Schwert und Henkerseil erinnert. Die Gerichtsverhandlungen des Femegerichts waren nicht öffentlich. Der Stuhlherr, ein geistlicher oder adeliger Herr, setzte einen Freigrafen ein, der mit sechs Freischöffen das Femegericht bildete.

Die Femeiche in Erle, davor der Gerichtstisch mit Henkerseil und Schwert.

Mit dem Erstarken der Landeshoheit des Fürstbischofs von Münster verlor auch das Erler Femegericht im 16. Jahrhundert einen Großteil seiner Zuständigkeiten und wurde Ende des 18. Jahrhunderts aufgelöst. Etwa um 1800 entfernte man das morsche Holz aus dem Stamm der Femeiche, sodass eine Höhlung entstand, durch die das Innere des großen Baumes betreten werden konnte. Sein Ausmaß wird durch die folgende geschichtlich belegte Begebenheit deutlich: Während eines Manövers im Jahre 1819 ließ der spätere König Friedrich Wilhelm IV. von Preußen 36 Infanteristen in marschmäßiger Ausrüstung in der Eiche Aufstellung nehmen. 1851 speiste der Bischof von Münster mit elf seiner Geistlichen an einem runden Tisch im Hohlraum der Eiche und im Jahr 1897 sollen 40 Mitglieder des Forstvereins aus dem Hohlraum der Eiche ihr Lied „Ich schieß den Hirsch im wilden Forst“ gesungen haben. Da sage noch einer, unsere Vorfahren hatten keinen Sinn für Humor.

Von dem ehemals mächtigen Baum sind heute nur noch Teile vorhanden. Seine Gestalt hat er durch Sturmschäden und Schrägwuchs erhalten. Vermutlich brach der Mittelstämmling aus, sodass Wasser in den Stamm eindrang, Pilze das Kernholz zersetzten und die Höhlung entstand.

Seit langer Zeit versuchen die Menschen, den hohlen Baum zu erhalten. Schon vor 1892 wurde er abgestützt und später brachte man zwei Eisenringe an, um die Stammteile zusammenzuhalten. Dicke Stützen und Eisenstangen halten den altehrwürdigen Baum heute noch einigermaßen aufrecht. Es ist erstaunlich, dass die Eiche überhaupt noch wächst und jedes Jahr wieder grüne Blätter trägt. Dafür sorgen unter anderem regelmäßige Düngungen und Belüftungen des Wurzelwerks. Im April 1994 wurde zum Schutz des Baumes eine Einzäunung errichtet.

Die Femeiche in Erle befindet sich ganz in der Nähe der Kirche und einer Brennerei, die sogar einen Femetrunk im Angebot hat. Der Ablauf der Visite in Erle hängt demnach unter anderem auch von der „geistigen“ Erbauung des Besuchers ab.

33 Ja, mir san mit'm Radl da
Die Fahrradstadt Münster

„*Nimborum patria* – Heimat der Regenschauer“ nannte der päpstliche Nuntius Fabio Chigi und spätere Papst Alexander VII. das Münsterland, wo er zwischen 1644 und 1649 an den Verhandlungen zum Westfälischen Frieden teilnahm. Die Anzahl der Regentage in Deutschland liegt in Münster mit 190 über dem Durchschnitt. So ganz verständlich ist es deshalb nicht, warum sich in der verregneten Domstadt so viele Leute so gerne auf ihren Drahtesel schwingen.

Radfahren bei Wind und Wetter ist für den Münsteraner aber kein Thema. Die westfälische Hauptstadt und die Fahrräder – das ist wie Duisburg und Schimanski, Hamburg und die Reeperbahn, München und das Oktoberfest.

Die Art der Fortbewegung ist bequem, schnell, flexibel, günstig, gesund und schont die Umwelt. Der Drahtesel, die verbreitetste Tierart in Münster, produziert keine Abgase, keinen Lärm, verbraucht dazu nur wenig Platz und verbessert damit die Lebensqualität der Stadt. Von der Polizeistreife über den Bischof bis zum Oberbürgermeister – in Münster fährt fast jeder Rad. Aber warum radelt der Student zur Universität, werden die Kinder im Radanhänger zur Kita gebracht, transportiert der Rentner seine Einkäufe im Fahrradkorb nach Hause und warum radelt die Angestellte im eleganten Kostüm durch den historischen Stadtkern zur Arbeit? Warum fahren in Münster mehr Leute Rad als anderswo?

Wie an vielen anderen Orten entwickelte sich der Vorläufer des Fahrrades, das Veloziped, auch in Münster seit den 1880er-Jahren über das Hochrad zur heutigen Form des Niederrads. Damals war das Fahrrad noch kein Nutzgefährt, sondern wurde als Sport- und Spaßgerät benutzt. Zu Beginn des 20. Jahrhunderts war Münster eine der Hochburgen des deutschen Radsports. Auf der 1898 eröffneten Blitzdorfer Radrennbahn fanden zahlreiche Radrennen statt. Bernard Knubel, einer der radbegeisterten Knubel-Brüder, ging bei den ersten Olympischen Sommerspielen der Neuzeit 1896 in Athen als Radrennfahrer an den Start. Um 1930 hatte sich das Fahrrad zum Massenverkehrsmittel entwickelt.

Nach dem Ende des Zweiten Weltkriegs gehörte Münster zu den am stärksten

zerstörten deutschen Städten. Die Altstadt musste fast komplett neu aufgebaut werden. Viele von der Zerstörung betroffene Städte sahen die Chance für einen Neubeginn. Nach der Trümmerbeseitigung bauten sie neue Verkehrsstraßen und moderne Bauten aus Glas und Stahl im Stil moderner und zeitgemäßer Architektur. Dem radikalen Neuanfang standen die Anhänger der Rekonstruktion gegenüber. Dazu gehörte auch Münster. Hier erfolgte der Wiederaufbau der Altstadt vorwiegend im traditionellen Baustil. Das hatte aber auch zur Folge, das Münster dem schnell anwachsenden Autoverkehr nicht gewachsen war. Hier bot das Fahrrad einen Ausweg. Der Wiederaufbau der Stadt im fahrradgerechten Maßstab ist wohl ein Grund, der Münster zur Fahrradstadt Deutschlands werden ließ. Bis heute gehört die Förderung des Radverkehrs fest zur Agenda von Politik und Verwaltung. Darunter auch der Ausbau eines weitläufigen Radwegenetzes, das heute etwa auf einer Fahrradautobahn, auf ausgezeichneten Fahrradstraßen, in Fahrradschleusen oder unechten Einbahnstraßen quer durch Münster (insgesamt etwa 400 Kilometer) verläuft. Zudem liegen zentrale Einrichtungen wie die Universität und Behörden sowie Geschäfte nur wenige Fahrminuten voneinander entfernt in der Innenstadt. Ebenfalls stark genutzt wird das Fahrrad für den Freizeitverkehr. Dazu kommt seit den 1980er-Jahren der Radtourismus.

Die Anzahl der Drahtesel in Münsters Haushalten wird je nach Quelle auf etwa 500.000 geschätzt. Nur vier Prozent aller Haushalte sind ohne Rad, 20 Prozent besitzen mindestens eines, mehr als 30 Prozent sogar mehrere Leezen. Zahlreiche Sonderregeln erleichtern das Radeln und, für den Fahrer nicht unbedeutend, es gibt in Münster kaum Steigungen.

Damit das geliebte Zweirad trocken und diebstahlsicher abgestellt ist, beherbergt Münster mit der Radstation das größte Fahrradparkhaus Deutschlands mit 3.300 Stellplätzen. Für Saubermänner und -frauen gibt es eine eigens konstruierte Fahrradwaschanlage, inklusive Werkstadt. Und falls der Drahtesel einmal nicht mehr aufzufinden ist, gibt es ein Fahrrad-Fundbüro, ja, ein Fundbüro nur für Fahrräder!

In der Hauptstadt Westfalens ist das Rad aber nicht nur auf den Kurzstrecken im Einsatz. Von der Innenstadt führen 4.500 Kilometer landestypische Pättkes (Radwege) durch die meist flachen Fluss- und Wiesenlandschaften des Münsterlandes zu romantischen Wasserburgen, stattlichen Herrensitzen, historischen Kirchen und verträumten Dörfern. Also: Draufsetzen und losradeln, schon 30 Minuten Radfahren täglich verringern das Risiko schwerer Erkrankungen erheblich.

In Münster ist die Leeze, wie die Münsteraner ihr Fahrrad liebevoll nennen, allgegenwärtig. Das Münsterland ist eine der beliebtesten Radlerlandschaften Deutschlands.

34 Kommen Sie, schauen Sie, staunen Sie! Der Send, die Kirmes in Münster

Kirmes – das ist der Geruch von gebrannten Mandeln, Bratfisch und Popcorn. Neben atemberaubenden Attraktionen werden aber auch Kindheitserinnerungen an Geisterbahn, Losbuden und Kinderkarussell wach. Es locken grellbunt angemalte Buden, in allen Farben blinkende Lichter, laute Musik, schrille Signale und schnarrende Animationsstimmen aus überdimensionalen Lautsprechern.

Das mittelhochdeutsche Wort Kirmes hat aber nichts mit Jubel, Trubel, Heiterkeit zu tun. Es bedeutet eigentlich Kirchweihmesse und galt dem Jahrestag der Kirchweihe oder dem Heiligen, dem die Kirche geweiht war. Bereits seit der Spätantike war es üblich, den Tag des Kirchenpatrons, das Kirchweihfest, auch mit außerkirchlichen, bisweilen sogar sehr weltlichen Feiern zu begehen. Zum Weihetag einer Kirche kamen im Mittelalter viele Menschen zusammen.

Was für Hamburg der Dom ist, für Bremen der Freimarkt, für Düsseldorf die Rheinkirmes, für Stuttgart der Cannstatter Wasen und für München das Oktoberfest, ist für Münster der Send. Die Etymologie des Namens Send ist abgeleitet von Synode, einer seit dem 9. Jahrhundert zweimal jährlich gehaltenen Versammlung der Geistlichen des Bistums Münster. Wahrscheinlich schloss sich ab dem 11. Jahrhundert im Anschluss an die Synode ein Markt an, aus dem sich später der beliebte Jahrmarkt mit Schaustellern, einheimischen und fliegenden Händlern entwickelte. Erstmals urkundlich erwähnt wurde der Send im Jahr 1525.

An den Sendtagen galt ein besonderer Marktfriede, an dem jeder, ob Stadtbürger oder Fremder, verkaufen durfte, was er wollte. Die Privilegien einheimischer Kaufleute und Handwerker wurden für die Zeit des Sendmarktes aufgehoben. Der Marktfriede war mit einer signifikanten Verschärfung des geltenden Stadtfriedens verbunden. Bis 1578 wurde jeglicher Verstoß gegen den Marktfrieden, der mit Blutvergießen verbunden war, mit dem Tode bestraft.

Die Jahrmärkte wurden seit 1578 durch das sogenannte Sendschwert am Rathaus angezeigt. Es symbolisierte die städtische Gerichtsbarkeit und sollte auf ein verschärftes Strafrecht während der Zeit des Sends hinweisen.

In einem Ratsbeschluss wurde bestimmt, dass man „an den raedthuse eine iseren stange lassen maken, daran man einen arm aus holtze gemakt, so ein blois swerdt in der hand uffrichtig holdt, stecken kan. Und solcher arm mit den swerthe werd alletzeid an de stange gestecken, wan die freiheiden alhir angaen …“ Noch heute wird an den Sendtagen dieses Symbol am Rathaus angebracht. Zum Glück der Kirmesliebhaber wird der Marktfrieden heute nicht mehr durch den Henker geregelt.

Den Namen Kirmes verbinden heute die wenigsten noch mit der Kirche, sondern eher mit Zuckerwatte und

Drei Mal im Jahr lockt der Send mit bunten Fahrgeschäften große und kleine Besucher auf den Schlossplatz.

Autoscooter. Zu jedem Send finden sich etwa 210 Schaustellerbetriebe ein. Mit Nostalgie und Hightech lockt die größte Kirmes im Münsterland im Frühling, Sommer und Herbst die Besucher auf den Platz zwischen Altstadt und Schloss. Bei Familien sehr beliebt ist seit Jahren der Donnerstag. An diesem Familientag erhalten Mutti, Vati und Kind zwischen 14 und 22 Uhr 30 Prozent Ermäßigung bei allen Fahr- und Belustigungsgeschäften. Verkaufsgeschäfte müssen den Preis für einen Hauptartikel um 25 Prozent senken.

Unter den veränderten Bedingungen der Neuzeit geriet auch die Marktfunktion immer mehr in den Hintergrund. Heute zeugt neben dem Kirmesrummel nur noch der traditionelle Pottmarkt mit seinen Angeboten vom Blumentopf bis zur Bratpfanne von der ehemaligen Bedeutung des Sendmarktes.

Ob im Frühjahr, Sommer oder Herbst – der Send ist ein großer Spaß für die ganze Familie. Besonders beliebt ist das traditionelle Feuerwerk am Freitagabend über der malerischen Kulisse der Münsteraner Altstadt. Übrigens, das immerwährende Gerücht, es würde in Münster immer genau zum Send regnen, ist durch Fakten nicht zu belegen.

Na, dann: einsteigen und dabei sein, eine neue Fahrt, ein neues Vergnügen!

35 Von der Verteidigung zu frohem Spiel
Das Schützenwesen im Münsterland

Beinahe in jedem größeren Dorf und in vielen Stadtteilen Deutschlands sowie im benachbarten Ausland gibt es einen Schützenverein. Einer der Höhepunkte der Schützensaison ist das Schützenfest. Schützenfeste haben eine lange Tradition, die bis ins Mittelalter zurückreicht. Die heutigen Schützenfeste sind ein Ort des frohen Spiels. Das war nicht immer so.

Im Mittelalter existierte noch kein Polizeidienst. Bis weit in den Absolutismus hinein waren Gardisten, Büttel, Nachtwächter und andere Bedienstete in erster Linie Ordnungshüter. Deren Anwesenheit und Einsatz reichten aber oftmals nicht aus, um die Bewohner in den Städten gegen feindliches Militär, Gesindel, brandschatzende Banden, Plünderer und Räuber zu schützen.

So bestand die ursprüngliche Funktion und Aufgabe der Schützen darin, ähnlich einer Bürgerwehr, die Städte in einem Krisenfall vor jeglicher Unbill zu verteidigen. Mit dem Unterschied, dass die Kernaufgabe der Schützengilden nicht primär in der Verteidigung ihrer Siedlung nach außen lag, sondern in der Gefahrenabwehr überwiegend innerer Störer und Gegner, der Herstellung der inneren Ordnung der Gemeinden sowie der Bekämpfung von Bränden. Die Schützen bildeten quasi eine „Eingreiftruppe" im Inneren der Stadt. Im Gegensatz zur Bürgerwehr war die Mitgliedschaft in einer Schützenbruderschaft freiwillig. Schusswaffen waren damals Pfeil und Bogen sowie die wesentlich durchschlagskräftigere Armbrust. Zu Übungszwecken wurden jährlich Stadtschießen oder eben Schützenfeste veranstaltet. An Kirchweih oder am Festtag eines Schutzheiligen musterten die Schützen die Waffen und verglichen ihre Zielsicherheit bei einem Wettschießen. Den Gewinnern winkten neben Ehre und Auszeichnungen auch materielle Preise. Gutes Essen und Trinken trugen zur guten Laune bei und das Tanzbein kam auch in Schwung.

Die Tradition der Wettbewerbe wurde stetig fortgesetzt, woraus sich im Laufe der Zeit die heutigen Schützenfeste entwickelten. Auch in Münster und im Münsterland hat das Schützenwesen eine jahrhundertealte Geschichte und ist tief mit der Region verwurzelt. Anfang des 12. Jahrhunderts wurden in Münster die ersten Verteidigungsgemeinschaften der Bürger, die sogenannten Eisen, gegründet. Aus ihnen entstanden im 15. Jahrhundert die ersten Schützenvereine. Schnell verbreitete sich der Brauch, in geselliger Runde Schießwettbewerbe durchzuführen. Eine organisierte Schützenbruderschaft wurde erstmals im Jahre 1441 erwähnt. Im Jahr 1447 fand in Münster das erste Vogelschießen statt. Höhepunkt der Aktivitäten war auch hier das Schützenfest mit der Freude am Feiern, ungetrübtem Frohsinn und Geselligkeit, der Begeisterung für den Wettkampf und dem Streben nach einer bruderschaftlich organisierten Gemeinschaft.

Die ältesten noch bestehenden münsterischen Schützenbruderschaften

Umzug der Schützenkompanie des Bürgerschützenvereins Sassenberg im Parademarsch.

sind die Große Schützengesellschaft von 1557 und die Tischlerbruderschaft. Schon fast hundert Jahre vor dem Westfälischen Frieden von 1648 in Münster und Osnabrück vereinigten sich im Jahre 1564 die Tischlerhandwerker zur Tischlerbruderschaft. Während des Dreißigjährigen Krieges schlossen sich im Jahr 1624 die Bewohner von St. Mauritz zur Schützenbruderschaft Stift St. Mauritz zusammen. Schon zwei Jahre später gründeten die Bürger von Nienberge die Schützenbruderschaft St. Jacobi Nienberge und im Jahr 1630 schlossen sich die Bürger im Zentrum der Stadt zur Liebfrauen Schützenbruderschaft Münster zusammen. Ihnen folgten in den Jahren 1652 die Bülter St. Petri Schützenbruderschaft Münster und 1727 die Schützenbruderschaft St. Josef Kinderhaus e.V.

Bis ins 20. Jahrhundert hinein wurden, auch in Verbindung mit der Stadterweiterung, noch viele andere Bruderschaften und Vereine gegründet, sodass in beinahe jedem Stadtteil Münsters heute mindestens eine Schützengesellschaft existiert. Schon lange hat das Schützenwesen seinen polizeilichen und militärischen Charakter verloren. Die Schützenfeste nehmen heute eine zentrale Stellung im Festleben der westfälischen Städte und Dörfer ein und dienen der Traditionspflege und der Geselligkeit.

36 Erzähl mir was vom Pferd! Münsterland ist Pferdeland

Das Wappensymbol Westfalens ist nicht rein zufällig das Pferd. Münster und das Münsterland sind die führende Pferderegion in Deutschland. Vom Wildpferd bis zum Olympioniken – Pferdezucht und Pferdesport haben hier eine lange Tradition. Mit mehr als 100.000 Pferden ist das Münsterland eine der pferdereichsten Regionen Europas.

In Münster hat der Verein Westfälisches Pferdestammbuch e.V. seinen Sitz. Ziel ist die Förderung der Pferdezucht, vornehmlich in Nordrhein-Westfalen. Der 1904 gegründete Züchterverband kümmert sich um Fragen rund um die Haltung, Zucht und Fütterung aller Rassen.

Im Springreiten hat die Domstadt mit Hendrik Snoek, Kurt Gravemeier und Hubert Vornholt herausragende Vertreter. Der Dressur- und Vielseitigkeitsreiter Reiner Klimke war mit sechs olympischen Gold- und zwei Bronzemedaillen einer der erfolgreichsten deutschen Olympiateilnehmer. Über das ganze Jahr hinweg finden hier Veranstaltungen für Pferdefreunde statt. Das jährlich durchgeführte „Turnier der Sieger“ vor Münsters barockem Stadtschloss zählt zu den Höhepunkten im Reitsportkalender und bietet Dressur- und Springprüfungen vom Feinsten. Im Westfälischen Pferdemuseum auf dem Gelände des Allwetterzoos Münster widmet man sich der Natur- und Kulturgeschichte des Pferdes in Westfalen und weiteren Themen rund um das Pferd. Im Stadtgebiet gibt es zahlreiche Reitvereine und Reitschulen. Münster ist sehr gut vom Rücken des Pferdes zu entdecken, über 120 Kilometer Reitwege locken in die Natur.

Das Zentrum der deutschen Pferdezucht und -dressur ist aber das Städtchen Warendorf im östlichen Münsterland. Hier trainieren Olympiasieger und Weltmeister – auf zwei und auf vier Beinen. Die geniale Kombination von Pferdezucht und Pferdesport macht die alte Handelsstadt an der Ems zur Kaderschmiede der Reiterei. Ortsfremde, die Warendorf besuchen, meinen oft scherzhaft, alle Warendorfer hätten Pferdegesichter.

Die Erfolgsgeschichte Warendorfs begann 1826, als die preußische Gestütsverwaltung im Auftrag von Preußenkönig Friedrich Wilhelm III. in der Nähe des Münstertors das Landgestüt gründete. So sollte die Zuchtqualität im Land verbessert werden, mit dem Ziel, ausreichend gutes Pferdematerial bei kriegerischen Auseinandersetzungen „einberufen“ zu können. Neben seiner Funktion im Militäreinsatz wurde das Pferd noch bis Anfang der 1950er-Jahre in der Landwirtschaft, im Transportwesen und in den Gruben der Kohlezechen eingesetzt. Der Weg vom Arbeitspferd zum Olympiasieger war lang und anstrengend.

Heute ist das Landgestüt Warendorf im Besitz des Landes Nordrhein-Westfalen. Hauptaufgabe des Gestüts ist es, leistungsgeprüfte Hengste für die Zucht zur Verfügung zu stellen. Als es gegründet wurde, kamen Hengst und Stute noch zusammen, um hochkarätigen Nachwuchs

Das Nordrhein-Westfälische Landgestüt Warendorf ist das Zentrum der Pferdezucht und des Reitsports in Nordrhein-Westfalen.

zu zeugen. Heute ist schmusen nicht mehr gefragt. Ganz unromantisch besteigen die Hengste oft statt einer leibhaftigen Stute nur eine leblose Attrappe, die einem Turnbock nicht unähnlich ist. Aber das ist ihnen (scheinbar) egal …

Alljährliche Attraktionen des Landgestüts sind im Herbst die Warendorfer Hengstparaden. Tausende Pferdefreunde bewundern edle Warmblüter und kraftvolle Kaltblüter, die sich im Schritt, Trab, Galopp, unter dem Sattel und vor dem Wagen von ihrer besten Seite präsentieren. Dem Landgestüt angegliedert ist seit 1968 die Westfälische Reit- und Fahrschule, in der Pferdewirtschaftsmeister und Trainer aus- und weitergebildet werden. Alle Reitabzeichen in den klassischen Reitdisziplinen Dressur, Springen, Vielseitigkeit sowie im Breitensport können hier erworben werden.

Warendorf wäre aber nicht die Hauptstadt der deutschen Reiterei, wenn nicht noch weitere bedeutsame Organisationen zum Thema Pferd in der Kreisstadt ihr Quartier hätten. Hier residieren auch das Deutsche Olympiade-Komitee für Reiterei, das unter anderem bestimmt, wer mit zu den Olympischen Spielen darf, mit seinem angeschlossenen Bundesstützpunkt der Reiter, die Deutsche Reiterliche Vereinigung und der Bundesverband für Pferdesport und -zucht in Deutschland. Seit dem 100. Geburtstag des Deutschen Olympiade-Komitees für Reiterei im Jahre 2013 hat Warendorf auch einen Walk of Fame. Ab der Emsstraße Richtung Emsbrücke sind auf der Straße der Olympiasieger alle reitenden Olympiasieger und Goldmedaillengewinner verewigt.

Der spannende Kontrast zwischen hochmodernen Sportstätten und seinem gut erhaltenen mittelalterlichen Stadtbild macht Warendorf zu einem der sehenswertesten Städtchen des Münsterlandes.

Ach ja, bei der Gelegenheit: Es stimmt nicht, dass alle Warendorfer Pferdegesichter haben.

37 Kamelle, Küsschen und Krawatten
Karneval im Münsterland

Alle Jahre wieder steht am Rhein die Welt auf dem Kopf. Bei der Frage nach den größten und bekanntesten Zentren des Karnevals in Deutschland werden die meisten zuerst an Köln, Mainz und Düsseldorf denken. Auch von Fasching und Fastnacht in Süddeutschland wird regelmäßig bundesweit berichtet. Aber Karneval in Münster und im Münsterland? Können die „sturen Westfalen" denn überhaupt Karneval feiern?

Das können sie! Neben den bekannten Hochburgen des rheinischen Karnevals blickt auch der westfälische Karneval auf eine lange Tradition zurück. Bereits im 14. Jahrhundert werden karnevalsähnliche Aktivitäten in münsterschen Dokumenten erwähnt. „Vastavende" sind schon in den „Verpflegungssätzen des Leprosenheims Kinderhaus" im 14. Jahrhundert dokumentiert. Auch in der Geschichte der (Wieder-) Täuferbewegung in den 1530er-Jahren werden in Münster Fastnachtslustbarkeiten erwähnt. Zu dieser Zeit bestand der Karneval aus überschwänglichen Gruppentänzen, Maskenspielen, im Hahnen- und Gänseköppen und vor allem im „Sauffen und Freßen". Anno 1875 freute sich Münsters Bevölkerung erstmals über einen Umzug mit sogenannten Ulkwagen. Im Jahr 1896 stellte die Närrische Union erstmals einen Prinzen, was gleichzeitig auch die Geburtsstunde der Prinzengarde war. Mit der KG Freudenthal von 1833 besitzt Münster die älteste Karnevalsgesellschaft und die zweitälteste in ganz Deutschland. Weitere wichtige Karnevalsgesellschaften sind: KG Paohlbürger, KG Witte Müse Münster, KG Schwarz-Weiß Münster und der Bund Westfälischer Karneval.

Heute existieren in Münster etwa 40 Karnevalsvereine mit etwa 5.100 Mitgliedern. Pro Session gibt es mehr als 180 Veranstaltungen. Der Altweiber-Donnerstag, wenn den Männern der Domstadt die Krawatten abgeschnitten werden, bildet auch in Münster den Auftakt des Straßenkarnevals. Bei der Schlüsselübergabe am Sonntag erstürmen die Narren das Rathaus und übernehmen ganz offiziell Zepter und Schlüssel der Stadt.

Publikumsmagnet und närrischer Höhepunkt des münsterschen Karnevals ist auch hier der Rosenmontagszug. Mit über 100.000 Besuchern hat er als größte Karnevalsveranstaltung in Westfalen einen hohen Bekanntheitsgrad.

Der Zug startet um 12.11 Uhr traditionell vor dem Schloss, wo er auch endet, und zieht vier Kilometer quer durch die Innenstadt, vorbei am historischen Rathaus und dem Prinzipalmarkt. Wer immer noch glaubt, Münster ist keine Karnevalshochburg, der sollte unbedingt am Rosenmontag in die Domstadt kommen.

Aber nicht nur in Münster fliegen in der fünften Jahreszeit die Kamellen. Auch in vielen anderen münsterländischen Städten und Gemeinden haben sich im Laufe der Zeit lebhafte Karnevalstraditionen

Karneval geht nicht nur im Rheinland. Auch im Münsterland können die Narren ordentlich feiern. Einer der Höhepunkte ist Münsters traditioneller Rosenmontagszug.

entwickelt. Kleinere und größere Karnevalsumzüge und -veranstaltungen der örtlichen Karnevalsvereine und ortsansässigen Lokalitäten machen auch auf dem platten Land die närrische Zeit zu einem richtigen Highlight.

Das Karnevalsmuseum der Karnevalsgesellschaft Die Paohlbürger zeigt Orden, Kostüme, Masken und andere karnevalistische Gegenstände aus Westfalen und dem ganzen Bundesgebiet.

Überregionale Aufmerksamkeit erreicht die Übertragung der traditionsreichen und größten westfälischen Karnevalssitzung „Westfalen haut auf die Pauke", die am Karnevalsdienstag im WDR ausgestrahlt wird und bundesweit etwa 1,1 Millionen Zuschauer erreicht. Bereits seit 53 Jahren präsentiert der WDR die Fernsehsitzung der westfälischen Karnevalisten. In dieser Gala sorgen Künstlerinnen und Künstler aus ganz Westfalen mit Gesang, Wort und Tanz für beste närrische Stimmung.

Übrigens: Beim Narren(schlacht)ruf sind sich die Düsseldorfer und die Münsterländer einig. Es wird „Helau" und nicht wie in Köln „Alaaf" gerufen. Wer während des Rosenmontagszuges in Münster Helau mit Alaaf verwechselt, kann von Glück sagen, dass er nicht plötzlich an einer Überdosis Kamelle erstickt. Helau hätte ihn vor dem Zuckerschock bewahrt. Dazu sagen die Narren im Münsterland augenzwinkernd: „Helau ist wie Alaaf, nur mit Stimmung."

38 Auf den Gipfel getrieben
Das bergische Münsterland

Nein, es gibt kein Après-Ski im Münsterland, keinen Hüttenzauber, keinen Jagatee, keine Williams-Birne, keinen Feigenschnaps und auch keinen Enzian. Die winterlichen Bedingungen hier laden selten zum Skifahren ein. Die Topografie des Münsterlandes wird vielerorts mit einem Satz beschrieben: „Flach wie ein Spülbecken!"

In der ebenen Parklandschaft des Münsterlandes kann man heute schon erkennen, wer übermorgen zu Besuch kommt. Böse Zungen behaupten sogar, die höchsten Erhebungen sind die Brücken. Dazu sagt aber der Brockhaus: „Ein Berg ist eine über die Umgebung deutlich herausragende Geländeerhebung". Na also! Dann ist das Münsterland mit den Baumbergen, den Beckumer Bergen und den Halterner Bergen mit den dazugehörenden Borkenbergen, der Haard und der Hohen Mark sowie den Bockholter Bergen beinahe eine Berglandschaft. Dazu gesellt sich noch mit dem münsterländischen Kiessandzug eine geologische Besonderheit, die das Münsterland in Nord-Süd-Richtung durchzieht.

Nicht auf die (Berg-)Spitze getrieben ist hier noch die Erwähnung zweier Befestigungsanlagen in herausragender Position. Gemeint sind die beiden münsterländischen Höhenburgen: Auf einem 90 Meter hohen Sandsteinfelsen thront die um 1050 zum ersten Mal erwähnte Burg Bentheim. Sie ist nicht nur die einzige erhaltene Höhenburg des Münsterlandes, sondern auch die größte Höhenburg Nordwestdeutschlands. Die Ruine der zweiten münsterländischen Höhenburg, der Burg Stromberg, kann im gleichnamigen Ortsteil der Stadt Oelde besichtigt werden.

Die höchste Erhebung auf der Reise durch das „westfälische Gebirge" ist mit seinen 188,7 Metern der Westerberg in den Baumbergen. Auf ihm befindet sich der von 1897 aus Sandstein gebaute 32 Meter hohe Longinusturm, das Wahrzeichen der Baumberge. Von seiner Aussichtsplattform bietet sich bei guter Sicht ein Rundumpanorama weit ins Münsterland. Die Hügelkette der Baumberge erstreckt sich zwischen den Städten Coesfeld, Rosendahl, Billerbeck, Havixbeck, Nottuln und Horstmar. Eine große Zahl von Schlössern und Burgen, Kirchen und Klöstern, Museen und Denkmälern durchziehen die grüne Landschaft. Bekannt sind die Baumberge vor allem durch den Baumberger Sandstein, der unter anderem als Baumaterial für Kirchen und Häuser der Region dient. Die Baumberge locken viele Tagesbesucher aus den eher flachen Niederlanden über die Grenze.

Neben den Baumbergen und den Halterner Bergen gehören die im Südosten des Kernmünsterlandes gelegenen Beckumer Berge zu den Erhebungen, die ihre flachen Nachbargebiete mit dem Mackenberg um genau 174,4 Meter überragen. Die hügelige bis bergige Schichtstufenlandschaft liegt hauptsächlich auf dem Gebiet der Gemeinden Beckum, Wadersloh, Oelde und Enningerloh.

Blick vom Longinusturm, dem höchsten Punkt der Baumberge zwischen Havixbeck, Nottuln und Billerbeck. Von dort hat man eine schöne Rundumsicht auf die umliegenden Baumberge und das Münsterland. In Richtung Norden geht der Blick bis zum Teutoburger Wald und in südlicher Richtung bis zum Haarstrang am Rande des Sauerlands.

Die Halterner Berge liegen in den Kreisen Borken, Coesfeld und Recklinghausen. Sie bestehen aus den Höhenzügen der Hohen Mark mit ihren 145,9 Meter hohen Rekener Kuppen, den Borkenbergen mit dem 133,3 Meter hohen Fischberg und der Haard mit dem 156,9 Meter hohen Stimberg, der höchsten Erhebung der Halterner Berge.

Einen Dünenkomplex aus mächtigen Sandablagerungen bilden die Bockholter Berge bei Greven im Kreis Steinfurt. Die Erhebungen sind geprägt von Wald und einer Dünen- und Heidelandschaft, die aus mächtigen Sandablagerungen der Ems am Ende der letzten Eiszeit entstand. Wo immer Heide wächst, ist Hermann Löns nicht weit. Nachdem er 1934 die Bockholter Berge besuchte, wurde ihm zu Ehren hier ein großer Findling aufgestellt.

Na, dann: Berg Heil! Wenn da nicht der Bergfriede durch ein hoch hergehendes Scharmützel gestört würde. Ibbenbüren und Nottuln kabbeln sich regelmäßig wegen des höchsten Punkts im Münsterland. Dazu muss man wissen: Die Grenzen des Münsterlands sind nicht eindeutig festgelegt, da dabei wahlweise sowohl geschichtlich-kulturelle oder naturräumliche Gesichtspunkte als auch die aktuelle Verwaltungseinteilung zugrunde gelegt werden können. Es gibt Übergangszonen. Aus einer dieser Übergangszonen, aus Ibbenbüren im Tecklenburger Land, wird behauptet, der Westerbecker Berg in Lienen im Teutoburger Wald ist mit seinen 236 Metern die höchste Erhebung im Münsterland. Aus Nottuln wiederum ist zu hören: Das naturräumliche und historische Münsterland erreicht seinen höchsten Punkt mit knapp 189 Metern auf dem Westerberg in den Baumbergen …

Wie dem auch sei, viel Spaß beim Gipfelhopping in den Alpen des Münsterlands.

39 Marmor des Münsterlandes
Der Baumberger Sandstein

Etwa 20 Kilometer südwestlich von Münster erhebt sich aus den Ebenen der Westfälischen Bucht das Hügelland der Baumberge. In ihren waldigen Höhen verbirgt sich ein viele Millionen Jahre alter Schatz. Schon seit dem Mittelalter wird hier ein faszinierendes Baumaterial, der bekannte Baumberger Sandstein, abgebaut.

Zu Beginn der Oberkreidezeit vor 100 Millionen Jahren stieg der Meeresspiegel weltweit sehr stark an. Auch die heutige Westfälische Bucht wurde von Norden her vollständig überflutet und das spätere Münsterland war durch das sogenannte Kreidemeer bedeckt. Erdbeben rissen unter Wasser liegende Höhenzüge weg, die dann als riesige Sand- und Schlammlawinen in die einige hundert Meter tiefen Meeresbecken abrutschten. Hierbei wurden die am Meeresboden lebenden Tiere und Pflanzen mit dem Schlamm vermischt und unter anderem auch in das Gebiet der heutigen Baumberge geschwemmt. In späteren Jahren verlandete das Meer wieder. Die Bodenschichten hoben und senkten sich. Auf der 75 Millionen Jahre alten Schlammschicht bauten sich weitere Gesteinsschichten auf, die tiefer liegende Schichten zusammendrückten, wodurch sich die Schlammschicht zu einem kalkhaltigen Sandstein verfestigte. Durch Wind, Sturm und Regen wurden die jüngeren Schichten im Gebiet der Baumberge rund um Havixbeck, Nottuln und Billerbeck weitgehend wieder abgetragen, wodurch die versteinerte Mischung aus Meeressand, Mineralien und kleinen Fossilien sehr nahe an die Erdoberfläche gelangte. Etwa um das Jahr 900 entdeckten die Münsterländer den hellen, sandigen Kalkstein, der zwischen 57 und 75 Prozent Kalk enthält. Seit dem frühen Mittelalter wurde der feinkörnige Stein abgebaut und in ganz Norddeutschland, in den Niederlanden und sogar in Schweden und im Baltikum verwendet. Er wird sowohl von Bildhauern als auch von Baumeistern sehr geschätzt.

Seine oberen Schichten, der sogenannte Wilde Stein, findet noch heute als Bruchsteinmauerwerk in Mauern und einfachen Gebäuden Verwendung. Die unteren Baumberger Schichten weisen drei verschiedene Bereiche auf, die unterschiedlich genutzt werden. Der harte und feinkörnige Fließ ist Ausgangsmaterial für Flurplatten und Treppenstufen. Die zweite Schicht, die als Lappen bezeichnet wird, hat einen reichen Kalkgehalt. Sie lässt sich sehr gut bearbeiten und wird wegen ihrer relativen Weichheit für Maßwerkarbeiten und Skulpturen verwendet. Sehr hart ist die dritte Schicht, Paol genannt. Sie eignet sich sehr gut als Außenbaustein, beispielsweise als Kirchenpfeiler.

Der Nachteil des Baumberger Sandsteins ist seine Anfälligkeit gegen die Kräfte der Erosion – Regen, Sonne, Wind. Dabei erfolgt die Zersetzung, speziell bei Kalksandstein, beim Zusammentreffen von Schwefeldioxid und dem Kalkstein (Kalziumkarbonat), es entsteht an der Gesteinsoberfläche Gips.

Aufgelassener Sandsteinbruch unweit von Schapdetten in den Baumbergen.

Seit langer Zeit gibt der helle Sandstein dem Münsterland in Form von Mauern, Brücken, Skulpturen, Wegkreuzungen, Häusern, Schlössern und Kirchen Gesicht und Charakter. Schlaun und andere münsterische Baumeister arbeiteten gerne mit dem Material. In Münster bestehen der Dom, die Lambertikirche, das Rathaus und viele weitere Bauwerke aus Baumberger Sandstein. Aber nicht nur als Baumaterial war der Sandstein beliebt. Auch Bildhauer wie die beiden Brabenders im 16. Jahrhundert, später im 17. und 18. Jahrhundert die Gröningers und andere Meister verwendeten gerne den weichen, gut zu bearbeitenden Stein.

Nach dem Zweiten Weltkrieg erlebte der Abbau des Kalksandsteines noch einmal einen Aufschwung. Die Kriegszerstörungen des münsterischen Doms und anderer architektonisch wertvoller Gebäude wurden mit originalem Baumberger Stein rekonstruiert. Gegenwärtig sind noch drei Steinbrüche in den Baumbergen in Betrieb. Sie sorgen für Nachschub bei der Sanierung der durch Umwelteinflüsse stark beschleunigten Verwitterung der historischen Bauten.

Bei einem Rundgang durch das Havixbecker Sandsteinmuseum erfährt der Besucher vieles über die tausendjährige Geschichte des Sandsteinabbaus und der Sandsteinverarbeitung. Abschließend kann er im Selbstversuch erproben, ob sich für ihn eine Umschulung zum Steinmetz lohnt.

40 Architektonische Markenzeichen
Burgen, Schlösser und Herrenhäuser

„Burgen, die im Wasser träumen", ist eine immer wieder gerne benutzte Formulierung, wenn es um die Beschreibung der Repräsentationsgebäude in Münster und im Münsterland geht. Tatsächlich weist die Region eine ungewöhnlich große Zahl an von Wasser umgebenen Burgen, Schlössern und Herrenhäusern auf.

Mit dem Wort Burg assoziiert man häufig das Bild von weithin sichtbaren, aufragenden Festungen, uneinnehmbar auf einer hohen Bergkuppe thronend und von den Romantikern tausendfach besungen. Im Mittelalter wurde bei der Suche nach einem natürlichen Standort für den Burgenbau eine exponierte Höhenlage auf Hügeln, Felsbrocken und Anhöhen bevorzugt, allein schon deshalb, weil sie leichter zu verteidigen war. Beispiele im Münsterland sind die Höhenburgen in Tecklenburg und Bad Bentheim.

Aber was tun im flachen Gelände, wo der Bau einer Höhenburg unmöglich ist? Hier mussten die schützenden Erhöhungen erst künstlich und unter großen Mühen geschaffen werden.

Ab 900, hauptsächlich aber im 11. Jahrhundert, wurden in Mitteleuropa sogenannte Turmhügelburgen gebaut. Hierzu häuften die lokalen Herrscher im heutigen Münsterland auf einer kleinen, rundlichen Fläche Erde an. Auf diesem Erdhügel errichteten sie dann meist einen Holzturm als Schutzbau und Wohnsitz. Diese Art von Burgen, die gar nicht unseren Vorstellungen von einer Burg entsprechen, heißen auch Motten.

Beim Aufwerfen der Turmhügel entstanden als Nebenprodukt je nach Menge des Erdreiches tiefe Gräben um die Burg. Die wurden dann häufig durch einen umgeleiteten Fluss oder Bach gefüllt – es entstand der Wassergraben, der später, besonders im westfälischen und rheinischen Raum, als Gräfte bezeichnet wurde. Ein Palisadenzaun schützte den Turmhügel zusätzlich. Vom hohen Mottenplateau hatte man zum einen einen besseren Überblick und zum anderen war eine Senkrechtverteidigung sehr viel erfolgreicher durchzuführen. Die wenigsten der Turmhügelburgen waren aus Stein. Steine waren in Niederungen Mangelware und dementsprechend teuer. Die heute noch am besten erhaltenen Beispiele dieser Bauart im Münsterland sind Haus Döring (bei Bocholt), die Barenborg (bei Holtwick), die Hauptburg in Burgsteinfurt und Schloss Rheda. Von der Wallburg Haskenau bei Münster sind heute nur noch Bodenformationen erhalten.

Später wurden manche Motten zu einer Ringburg umgebaut, indem man am unteren Rand des Hügels eine starke Ringmauer wie bei der Burg Gemen in Borken errichtete. Die Motte ist die Urform dessen, was wir heute unter einer Burg verstehen. Von ihnen ist aber kaum noch etwas übriggeblieben. Sie wurden abgetragen oder umgebaut und vergrößert. In den meisten der heutigen

Die Wasserburg Hülshoff in Havixbeck, Geburtshaus der Dichterin Annette von Droste-Hülshoff, gehört zu den schönsten Burgen im Münsterland.

münsterländischen Wasserburgen können wir sie nur noch vermuten.

Fast 3.000 Wasserburgen soll Westfalen einst besessen haben. Mehr als 150 haben überdauert. Die meisten im Münsterland. Hier gibt es bescheidene Anlagen, die sich schlicht „Haus" nennen, Bauernhöfe mit Wassergräben, große, stattliche und protzige, romantische oder nüchtern anmutende, barocke, klassizistische und biedermeierliche Wasserburgen und Schlösser. Viele von ihnen sind gut erhalten, bei manchen sind die Fensterscheiben zerbrochen, das Tor rostet und der Putz blättert von der Decke.

Einige sind viel zitiert, wie die Burg Hülshoff, die Geburtsstätte der Dichterin Annette von Droste-Hülshoff, das „Westfälische Versailles", die glanzvolle Barockanlage Schloss Nordkirchen, oder die altersgraue pittoreske Burg Vischering in Lüdinghausen. Andere Bauten liegen versteckt, fast vergessen, hinter Dörfern und Waldstücken.

Genutzt werden die Wasserburgen heute unter anderem für museale Zwecke und Führungen, als bescheidene oder noble Hotel- und Restaurationsbetriebe, Bildungshäuser und Schulen, Öffentliche Verwaltungen und – zum Wohnen. Die meisten Wasserschlösser und Burgen des Münsterlands sind heute in Privatbesitz. Immer mehr finanzkräftige Zeitgenossen wohnen, auch ohne adlige Vorfahren, in alten Feudalsitzen. Wie anno dazumal bleiben auch die neuen Schlossherren mit Vorliebe unter sich. Besichtigungen der alten Gemäuer sind nicht oder nur begrenzt möglich. Zweifellos, die neuen „Schlossherren" sichern durch Restauration und Instandhaltung den Bestand der alten Gebäude. Burgen und Schlösser sind aber ein bedeutsamer Geschichtsträger. Ihre ausschließlich private Nutzung blockiert die Heranführung der Jugend an das kulturelle Erbe.

Eine Zeitreise durch die Geschichte und Baukultur im Münsterland bietet die etwa 960 Kilometer lange 100-Schlösser-Route. Dabei verbindet der ausgeschilderte Radweg, der durch die grüne Parklandschaft des Münsterlandes führt, mehr als hundert Wasserschlösser, Burgen, Herrensitze und Gräftenhöfe in der Region miteinander.

41 Reges Treiben an historischen Orten
Münsters bekannte Plätze und Straßen

Plätze sind die Visitenkarte einer Stadt. Sie sind Treffpunkte der Bürger und damit wichtige Orte für das Zusammenleben. Sie sind Teil einer Stadtkultur und symbolisieren die Geschichte eines Ortes. Seit Jahrhunderten kann Münster mit zahlreichen bedeutenden und schönen Plätzen aufwarten. Drei von ihnen sollen hier vorgestellt werden.

Vor eindrucksvoller Kulisse – der Domplatz

Der Domplatz bildet zusammen mit dem mächtigen St.-Paulus-Dom den Mittelpunkt der Altstadt. Er ist die Keimzelle der Stadt und des Bistums Münster. Der friesische Missionar Liudger kam in die kleine Siedlung Mimigernaford am Ufer der Aa. Frankenkaiser Karl der Große hatte ihn über Land geschickt, um die Sachsen zum christlichen Glauben zu überreden. Der Missionar und spätere Bischof von Münster Liudger gründete 793 auf einer kleinen Anhöhe, dem Horsteberg, ein Missionskloster (Monasterium genannt), woraus sich später die gebräuchlichere Namensform Munstre beziehungsweise Münster entwickelte. Zu dieser Zeit bestand bereits die Domburg des frühen Mittelalters mit Wall, Palisadenzaun und Graben. Ihre Umrisse sind noch heute auf dem Domplatz zu erkennen. Schon zur Gründung der Domburg hatte es hier einen Platz gegeben, der bis zum Jahre 1860 die Bezeichnung Domhof jahrhundertelang innehatte. Direkt neben dem Dom befindet sich das bischöfliche Palais des Bistums Münster. An der Südseite des Platzes steht das LWL-Landesmuseum für Kunst und Kultur, im Westen das Fürstenberghaus der Westfälischen Wilhelms-Universität. Immer mittwochs und samstags findet auf dem Domplatz der große Wochenmarkt statt.

Viel Platz für Veranstaltungen – der Schlossplatz

Unmittelbar vor dem Schloss, am westlichen Rand der Innenstadt, befindet sich der Schlossplatz. Im Mittelalter war er ein Abstellplatz für fahrendes Volk außerhalb der Stadtmauern. Als 1661 die alte Mauer abgebaut wurde, rückte die Fläche in die Stadt. Seit 1759 hieß der Schlossplatz Neuplatz. Dann, von 1927 bis 2012, Hindenburgplatz. Der Schlossplatz gilt mit etwa 12,5 Hektar als eine der größten innerstädtischen Freiflächen Europas. Das weitläufige Gelände wird mehrmals im Jahr zu einer riesigen Veranstaltungsfläche. Seit 1916 findet hier drei Mal im Jahr der Send, der beliebte Münsteraner Jahrmarkt statt, außerdem ist er Austragungsort des Reitsportturniers „Turnier der Sieger“ und Ziel des „Sparkassen Münsterland Giro“, dem mit mehr als 4.500 Teilnehmern drittgrößten Radrennen in Deutschland.

Der Prinzipalmarkt – Bummeln unter Laubengängen

Münsters „gute Stube“, der historische Prinzipalmarkt, ist eigentlich kein typischer Marktplatz, wie man ihn sich vorstellt, sondern ein eng mit der

Der Prinzipalmarkt mit seinen berühmten Giebelhäusern und Bogengängen ist Münsters „gute Stube“.

westfälischen, deutschen und europäischen Geschichte verbundener Straßenraum. Hier wurden die Wiedertäufer hingerichtet, hier fand 1648 der Westfälische Frieden seinen Abschluss, hier empfing die Stadt Münster Persönlichkeiten der Geschichte wie Kaiser Wilhelm II., Konrad Adenauer, aber auch die Mannschaft des heimischen Traditionsclubs SC Preußen Münster nach der deutschen Vizemeisterschaft 1951. Einem Millionenpublikum bekannt ist der Prinzipalmarkt auch als Schauplatz des „Tatorts“. Hier radelt der grummelige Kommissar Thiel mit viel Schwung an den unverwechselbaren Giebelhäusern und Bogengängen entlang.

Der noble Name Prinzipalmarkt bedeutet Hauptmarkt, in Abgrenzung zum Roggenmarkt und Fischmarkt, die sich, beide von ihm verdrängt, in seinem weiteren Verlauf anschließen. Die charakteristischen hohen Giebelhäuser mit ihren Bogengängen sollen an der Wende vom 13. zum 14. Jahrhundert entstanden sein. Die Innenstadt von Münster war nach dem Zweiten Weltkrieg zu 90 Prozent zerstört. Auch der Prinzipalmarkt lag komplett in Trümmern. Sein ursprünglicher Charakter wurde, wie die ganze Altstadt, nach historischem Vorbild in vereinfachter Form weitgehend wieder aufgebaut. Der Prinzipalmarkt ist etwa 160 Meter lang und 14 bis 20 Meter breit. Seine Nordseite wird durch den Turm der Lambertikirche begrenzt, den südlichen Abschluss bildet der Stadthausturm.

Auf der ältesten Marktstraße Münsters spielt sich heute ein großer Teil von Münsters Stadtleben ab: Immer noch werden hier Staatsgäste empfangen und Feste gefeiert, es wird flaniert, in exquisiten Geschäften, die den Markt wie eine Perlenkette umsäumen, eingekauft und das Leben genossen.

42 Gehen und in sich gehen
Der Wallfahrtsort Telgte

Wallfahrer und Pilger standen in der Frühen Neuzeit mehrfach im Fokus der Kritik. Der Mystiker Thomas von Kempen notierte bissig: „Wer viel pilgert, wird selten heilig.“ Für Martin Luther war das Pilgerwesen mit Aberglauben und Ablasswesen verbunden, er bezeichnete das Pilgern als „Narrenwerk“. In Norwegen war das Pilgern ab 1537 sogar unter Androhung der Todesstrafe verboten.

Und heute? Pilgern boomt! In den letzten Jahrzehnten des 20. Jahrhunderts entstand eine Neubesinnung und Neubewertung des Pilgerns. In einer fortschreitend mobilen Welt, in der Schnelligkeit gefragt und Geruhsamkeit unerwünscht ist, sind Pilgerreisen buchstäblich wieder auf dem Vormarsch. Das schweigende Gehen macht nicht nur Blasen an den Füßen, sondern bringt Körper, Seele und Geist in Bewegung. Spätestens seit Hape Kerkelings „Ich bin dann mal weg“ sind Katholiken, Protestanten und sogar Zweifler oder vermeintlich Ungläubige pilgernd unterwegs.

Alle Religionen kennen Wallfahrten in unterschiedlichen Formen. Zu den christlichen Pilgerorten nach Lourdes, Loreto, Fatima und anderswo begeben sich jährlich ungefähr 40 Millionen Pilger. Davon zieht es über 100.000 nach Telgte in die Wallfahrtskirche zum Gnadenbild der Schmerzhaften Muttergottes. Die Stadt an der Ems ist nach Kevelaer der meistbesuchte Marienwallfahrtsort im Bistum Münster. Die Osnabrücker Wallfahrt nach Telgte ist sogar die größte Fußwallfahrt in Deutschland.

Das junge Telgte war schon im 13. Jahrhundert ein Wallfahrtsort zum Heiligen Kreuz. Die Gläubigen besuchten eine Kreuzreliquie, die sich im Christuskopf eines mit Silberplättchen beschlagenen Eichenholzkorpus befand.

Das 14. Jahrhundert war für die kleine Stadt ein Jahrhundert der Katastrophen. Das Magdalenenhochwasser 1342, Hungersnöte, Brände und die Pest-Pandemie traumatisierten die Telgter Bürger. Sie fanden in der Pietà, der Darstellung Marias als Mater Dolorosa, der Schmerzensmutter, mit dem Leichnam des vom Kreuz abgenommenen Jesus Christus auf dem Schoß, eine Identifikationsperson. Hierdurch verschob sich in Telgte der Fokus von der Heilig-Kreuz-Wallfahrt zur Marienwallfahrt. Das Gnadenbild von Telgte gehört zu den ältesten Mariendarstellungen Westfalens. Kunsthistoriker datieren es um das Jahr 1370. Die Pietà ist aus Pappelholz geschnitzt und anderthalb Meter hoch und war ursprünglich farbig bemalt.

Die Verehrung des Gnadenbildes der Schmerzhaften Muttergottes in Telgte ist spätestens seit dem 15. Jahrhundert nachweisbar. Der Legende nach entdeckte ein junger Bauernbursche das lebensgroße Marienbild in einem Spalt in der uralten Linde vor dem Telgter Münstertor, aus der

Die Telgter Wallfahrtskapelle beherbergt das um 1370 entstandene Gnadenbild der Schmerzhaften Muttergottes.

es herausgewachsen war. Während der Bauer auf die Knie fiel, hörte er die Worte „Bringe mein Bild zu den Menschen".

Wahrscheinlicher ist allerdings die Annahme, dass das Gnadenbild um 1370 eine Stiftung des vermögenden Händlers Dynning war. Die Muttergottes-Bruderschaft trug es bei örtlichen Flurprozessionen, eingehüllt in einen kostbaren Mantel und mit einer Krone versehen. 1651 fand die erste Telgter Wallfahrt statt. Nach dem Dreißigjährigen Krieg ernannte 1654 der Münsteraner Fürstbischof Christoph Bernhard von Galen Telgte zum Hauptwallfahrtsort des Bistums Münster. Dazu ließ er anstelle einfacher Vorgängerbauten einen barocken, achteckigen Zentralbau als Wallfahrtskapelle für die Pietà erbauen. Die Telgter Gnadenkapelle erfuhr einschließlich ihrer Innenausstattung in ihrer über 350-jährigen Geschichte eine Reihe von baulichen Erweiterungen und Veränderungen. Papst Pius X. nahm 1904 Telgte in das Verzeichnis der weltweit anerkannten Gnadenbilder auf.

Bis heute ist die Telgter Wallfahrt lebendig geblieben. Jährlich finden etwa 50 große Wallfahrten aus den Kirchengemeinden des Bistums Münster den Weg zur Schmerzhaften Mutter in die Telgter Wallfahrtskapelle. Seit einigen Jahren führt auch einer der westfälischen Jakobswege durch Telgte. Für das Münsterland besitzt die Telgter Wallfahrt den gleichen Stellenwert wie die Pilgerorte Kevelaer am Niederrhein, Neviges im Bergischen Land und Altötting in Oberbayern.

Im Vergleich zu diesen Orten war Telgte jedoch lange Zeit der breiten Öffentlichkeit nicht so bekannt. Bis Günter Grass dem Städtchen 1979 seine Erzählung „Treffen in Telgte" widmete. Der spätere Nobelpreisträger für Literatur verlegte darin eine fiktive Zusammenkunft von Schriftstellern und Kritikern im Jahr 1647 in den Wallfahrtsort.

Am 31. Oktober endet die Wallfahrtssaison und in Telgte kehrt wieder Ruhe ein – bis zum nächsten Mai.

Wir sind dann mal weg!

43 Ist Münster jovel oder schofel? Die Geheimsprache Masematte

Jovel und schofel, Leeze und Lowine, Koten, Kaline und Seegers – hä? Sie verstehen nur Bahnhof oder sind vielleicht am falschen ausgestiegen? Nein, nein, Sie sind in Münster und benötigen ganz schnell ein Wörterbuch. Aber welches? Im Duden werden Sie die Wörter vergeblich suchen. Die einzige Lösung, um die unbekannten Begriffe zu entschlüsseln, bietet da ein Blick in ein Wörterbuch der Masematte.

Welche Matte? Eine neue Unterlage für Yogaübungen? Nein, und der Name hat auch nichts mit irgendeiner Auslegeware zu tun. Die Masematte ist ein spezieller, münsterischer Vokabel-Cocktail, zusammengemixt aus Rotwelsch, Jiddisch, Romani, gewürzt mit einer Prise aus dem Westfälischen und anderen Zutaten. Der Terminus Masematte mit den Varianten Massematte(n), Masemotten und Massemaite ist abgeleitet von „masso umatan" (jiddisch = Handel, Handelsbetrieb). Im Rotwelschen hieß es hingegen so viel wie „Diebstahl". Rotwelsch bedeutet so viel wie „unechte romanische Sprache" aus „rot" für „falsch" und „welsch" veraltet für „romanisch".

Der regionale Soziolekt Masematte ist seit 1870 quellenmäßig belegt. Der älteste Beleg von 1735 (als Femininum Massematte) stammt aus der sogenannten Koburger Designation. Die gesprochene Kunstsprache hat nichts mit der münsterländischen Variante des Plattdeutschen, dem Münsterländer Platt, zu tun.

Masematte war die Sprache von Teilen der sozialen Unterschichten, der Hilfsarbeiter, Viehhändler, Kleinhandwerker, Hausierer, fliegenden Händler, aber auch der Vagabunden in und um Münster. Deshalb wurde sie auch häufig als Gaunersprache bezeichnet. Masematte war eine Art Geheimsprache, vor allem in bestimmten Vierteln Münsters wie Pluggendorf, Herz-Jesu-Viertel, Sonnenstraße und Kuhviertel. Hier gab sie den Bewohnern eine Identität und stärkte das Zusammengehörigkeitsgefühl. Durch Masematte konnten sie sich in Gegenwart von Außenstehenden verständigen, ohne von Zuhörern verstanden zu werden, um beispielsweise „Geschäftsgespräche" zu führen oder illegale Machenschaften zu vertuschen. Aber auch zur Abschirmung gegenüber Polizei und Obrigkeit sprach man Masematte.

Früher wurde Masematte nur gesprochen. Ein Vokabular in geschriebener Form gibt es nicht. Sie ist vielmehr eine Wortsammlung, bestehend aus insgesamt etwa 500 Begriffen. Dazu kommen viele Variationsmöglichkeiten. So gibt es beispielsweise für den Ausdruck Polizei zehn Wörter, für Geld sogar elf. Viele Wörter sind ins Deutsche übergegangen, wie Reibach, Maloche, meschugge, Randale, labern, blechen oder ausklamüsern. Die soziale Gebundenheit der Masematte wurde im Zweiten Weltkrieg zerstört, wodurch sie ihre ursprüngliche Funktion als Geheimsprache verlor. Trotzdem hat sie überlebt, indem sie sozusagen neu

Im Stadion des SC Preußen Münster sind die Toiletten mit Seegers und Kalinen beschriftet. Sie werden schnell herausbekommen, welche der beiden Türen für Sie die richtige ist.

erfunden wurde. Anstelle ihrer traditionellen Form trat jetzt eine angelernte „Sekundärmasematte", die sich als eine Art Freizeit- oder Spaßsprache – als Masematte Version 2.0 – großer Beliebtheit erfreut. Die Verwendung der Münsteraner Masematte ist im Sprachgebrauch allgegenwärtig. Viele Wörter sind heute, auch durch Münster-Krimis und Tourismus, so etwas wie eine Kultsprache Münsters und des Münsterlandes.

Jetzt steht immer noch die Frage im Raum, ob Münster jovel oder schofel ist?

Nach dem Blick ins Masematte-Wörterbuch muss sich jeder selbst ein Urteil bilden, ob es in Münster gut oder schlecht ist, jedenfalls ist die Frage nach den Begriffen jovel oder schofel schon einmal geklärt. Wer aber weiterhin in Münster nur Scharett, also Bahnhof, versteht, dem hilft die Übersetzung des kleinen nachfolgenden Wortpotpourris der häufigsten Masematte-Wörter, die dem Leser in Münster begegnen werden. Dann ist er für einen erneuten Besuch in der Domstadt bestens gerüstet.

achilen = essen
Beis = Haus
Bräse = Toilette
jovel = gut, schön
Kabache = Stadt
Kaline, Ische = Frau, Mädchen
kneistern = schauen, wahrnehmen, bemerken
Koten = Kind
Kowe = Kleidung
Leeze = Fahrrad
Lowine = Bier
maimeln, meimeln = regnen
Malocher = Arbeiter
Mauke = Füße
Muffe = Angst
Pani = Wasser
Pinte = Kneipe
poofen = schlafen
Randale = Ärger
schicker(n) = betrunken, trinken
schofel = schlecht, übel
Seeger = Mann, Kerl

44 Von der Wehrburg zur Wohnburg
Burg Vischering

Die Burg Vischering ist nicht die größte und auch nicht die älteste der münsterländischen Wasserburgen. Dafür verkörpert sie aber das Mittelalter so authentisch wie kaum eine andere. Mit Vorburg, Ringmantelburg, Zugbrücke, Graben und festen Mauern ist sie das Musterbeispiel von Verteidigung und Wehrhaftigkeit einer Wasserburg. Fast 500 Jahre nach ihrem Bau ist aufgrund ihres außergewöhnlich guten Zustands noch deutlich zu erkennen, zu welchem Zweck sie errichtet wurde.

Die Rundburg wurde 1271 erstmals erwähnt – errichtet als Zwingburg an der Südgrenze des kirchlichen Amtsbezirks vom Bischof von Münster, Gerhard von der Mark. Damals hatte der Gottesmann einen riesigen Zoff mit den aufmüpfigen Herren von Lüdinghausen, dem Ritter Hermann sowie seinem Bruder Bernhard. Die beiden hatten etwas südlich der Burg Lüdinghausen doch tatsächlich ohne Genehmigung des Bischofs die Burg Wolfsberg errichtet. Darin sah der Bischof eine Untergrabung seiner landesherrlichen Rechte und meinte, durch den Bau der Burg Vischering seinen Herrschaftsanspruch sichern zu müssen. Er eroberte den Ort Lüdinghausen und zerstörte die Burg der Brüder. Als erbliches Lehen ging die Burg an den Drosten Albert von Wulfheim, der die Burg Vischering verwaltete und sie mit einer kleinen Mannschaft gegen Angriffe verteidigen sollte. Dessen Nachfahren nannten sich später „von Droste", denen die Burg heute noch gehört. Damals hieß sie noch nicht Vischering, der Name kam erst im 14. Jahrhundert auf. Er deutet auf einen Ort hin, an dem der Fischfang von Bedeutung war.

Burg Vischering ist im Kern eine Ringmantelburg aus dem 13. Jahrhundert. Die Gebäude waren ursprünglich hinter einer gewaltigen, zehn Meter hohen Ringmauer versteckt, die direkt ins Wasser gebaut war. Sie entstand inmitten eines ausgedehnten Gräften-Systems auf einem Unterbau aus Pfählen, geschützt von Wällen und Hecken. Die Wohn- und Wirtschaftsgebäude standen auf separaten Inseln. Die damalige Anlage besaß wahrscheinlich zur Außenseite hin noch keine Fenster und war nur mit schmalen Schießscharten ausgestattet. Lediglich eine schmale Landzunge führte zur Außenwelt.

Bei mehreren Umbauten wurden auf die Ringmauer viele Bauteile aufgesetzt, wodurch die Burg ihr wehrhaftes Aussehen erhielt. Als im 15. Jahrhundert mobile Kanonen in Gebrauch kamen, deren Geschosse selbst die dicksten Burgmauern durchschlugen, schwand die militärische Bedeutung der Burg Vischering. Von 1519 bis 1622 wurde sie daher von einer Wehr- zu einer Wohnburg ausgebaut. Zudem vernichtete ein großes Feuer 1521 beinahe die gesamte Anlage. Ihr heutiges Erscheinungsbild geht auf den Wiederaufbau im 16. und 17. Jahrhundert zurück. Es entstanden höhere Wohntrakte sowie ein Treppenturm. Zuletzt wurde die in den Hausteich ragende

Blick auf die runde Hauptburg inmitten des Hausteichs.

Auslucht errichtet. Die Verwandlung in ein barock-verspieltes Schloss erlebte die Burg aber nie, weil sie ihre Rolle als Hauptsitz der Eigentümerfamilie Ende des 17. Jahrhunderts verlor. So blieb ihr wehrhafter Charakter bis heute bewahrt. Sie war nie völlig ungenutzt, diente aber erst wieder dem Erbdrosten Graf Maximilian von 1893 bis 1923 als Wohnung.

Im Inneren der Burg befindet sich das Kulturzentrum des Kreises Coesfeld, in dem Konzerte und Kunstaustellungen stattfinden. Das Münsterlandmuseum, ebenfalls hier untergebracht, lässt das Mittelalter und die Frührenaissance wieder aufleben. Hier wird das bäuerliche Leben und Arbeiten und die Geschichte der Burg Vischering dargestellt.

Ein Besuch der Ringmantelburg Vischering in Lüdinghausen ist immer auch eine kleine Zeitreise ins Hochmittelalter, das sich hier mit allen Sinnen erfahren lässt. Vorstellungen von Burgfräulein, Verliesen und Belagerungen werden wieder lebendig. Die trutzige Wasserburg verbreitet noch heute einen mittelalterlichen Charme, als wären tugendhafte Ritter in Kettenhemd und ihre Knappen erst gestern über die lange Zugbrücke geritten. Also, bei einem Besuch der Burg Vischering sollte man immer genau hinhören, ob nicht irgendwo doch noch ein mittelalterlicher Hufschlag zu vernehmen ist.

45 Versailles liegt gleich um die Ecke
Schloss Nordkirchen

Wer erstmals vom „Westfälischen Versailles" hört, kann sich ein leichtes Grinsen wohl kaum verkneifen. Steht der Besucher dann allerdings zum ersten Mal vor dem Schloss in Nordkirchen wird er feststellen, dass er nicht nach Frankreich fahren muss, um große europäische Palastarchitektur zu besichtigen. Bei einem Besuch des Barockschlosses werden sich die Bedenken in Bewunderung verwandeln.

Ist die Skepsis verschwunden, stellt sich gleich die nächste Frage: Wollte der französische Sonnenkönig eine Filiale seiner Versailler Pracht im südlichen Münsterland eröffnen? Die Ausmaße der barocken Residenz in Nordkirchen sind nämlich groß, sehr groß – sie sind geradezu gewaltig. Wer hatte das Geld für diese Prachtanlage? Käufer war der Fürstbischof Friedrich Christian von Plettenberg. Mit dem Bau der Anlage wollte er sich seinen Traum von einer angemessenen Behausung erfüllen und seine Macht und seinen Reichtum für alle sichtbar machen.

Die Familie von Plettenberg ließ das pompöse Schloss Nordkirchen von 1703 bis 1734 im französisch-klassizistischen Stil an der Stelle einer Wasserburg der Familie Morrien erbauen. Der Gutsherr Gerhard III. von Morrien hatte die alte Wasserburg zu Beginn des 16. Jahrhunderts zu einer der am stärksten gesicherten Wehranlagen des ganzen Oberstifts Münster ausbauen lassen. Dazu ließ er um die Wasseranlage hohe Erdwälle aufwerfen und baute in die Ecken vier trutzige Geschütztürme aus Stein mit einem Durchmesser von 24 Metern. Um ein freies Schussfeld zu haben und um sich gegen die Schusswirkung der neuen Feuerwaffen zu schützen, ließ er – kein Witz – das alte Dorf Nordkirchen abbrechen und an die heutige Stelle verlegen. In dieser feuerfesten Umgebung wohnte die Familie Morrien bis 1694.

Als die Linie der Familie von Morrien ausstarb, kaufte der baufreudige Fürstbischof den gesamten Besitz in Nordkirchen für 250.000 Taler. Von den beeindruckenden militärischen Schutz- und Trutzbauten ließ er aber nichts

übrig. Ihm genügten die damals schon pompösen Repräsentationsansprüche der alten Wasserburg anscheinend nicht. Nach dem Motto: Wasserschlösser entstehen nicht durch sparsames Wirtschaften oder kurz: klotzen statt kleckern, ließ er sie abreißen und beauftragte den Architekten Gottfried Laurenz Pictorius mit dem Neubau eines großzügigen Schlosses. Bei seinen Entwürfen lehnte sich der mit dem niederländischen Klassizismus vertraute Pictorius an ähnliche barocke Schlossbauten in Frankreich an. Der hufeisenförmige Bau liegt auf einer großen rechteckigen Insel inmitten eines 170 Hektar großen Parks, umgeben vom Viereck der doppelten Wassergräben. Von Süd nach Nord erstreckt sich die gewaltige Anlage fast 400 Meter weit. Beim Bau des barocken Ensembles wurde das regionaltypische Baumaterial – roter Ziegel und gelb-weißer Sandstein – verwendet. Mittelpunkt des streng symmetrisch angelegten Schlosses ist der Haupttrakt, der Corps de Logis. Seine anliegenden Nebengebäude sind stufenförmig ausgerichtet.

Die zahlreichen Deckengemälde, Stuckarbeiten, Holzschnitzereien, Büsten und Lüster in den Innenräumen sind größtenteils Originale.

1734 war die Anlage einschließlich der Nebengebäude und des Parks fertiggestellt; zu der Zeit hatte der Bauherr aber schon fast 30 Jahre lang das Zeitliche gesegnet; er war 1706 hochverschuldet (wen wundert's?) gestorben. Sein Neffe, Ferdinand Graf von Plettenberg, hatte das Erbe angetreten. Auch Pictorius konnte den Bau der Anlage nicht fertigstellen. Er starb 1729. Zunächst führte Pictorius' jüngerer Bruder Peter die Bauarbeiten weiter, der wurde dann ab 1725 vom größten Baumeister Westfalens, Johann Conrad Schlaun, abgelöst, der den Bau des Schlosses vollendete. Er lieferte hauptsächlich die Pläne für das Nebenschloss Oranienburg, für die Ausschmückung der Wohnräume und für die Gartenanlage nach französischem Vorbild, die damals zu den berühmtesten Gärten in ganz Europa gehörte. Sie wird von 23 Alleen durchzogen und 385 Skulpturen haben hier ihren Platz. Die UNESCO hat das barocke Ensemble als „Gesamtkunstwerk von internationalem Rang" für schutzwürdig erklärt. 1958 kaufte das Land Nordrhein-Westfalen das Hauptschloss. In seinen alten Gemäuern regiert auch heute noch der Geist des Geldes. Ironischerweise ist hier die Fachhochschule für Finanzen untergebracht. Hier büffeln die zukünftigen Finanzexperten des Landes Nordrhein-Westfalen Prozentrechnung und Tabellenkalkulation oder diskutieren über Steuern und Subventionen. Ob das dem verschwenderischen Fürstbischof gefallen hätte?

Schloss Nordkirchen ist die bedeutendste Schlossanlage des Barocks in Westfalen und gehört zu den bekanntesten und beliebtesten Ausflugszielen im Münsterland.

46 Einer der schönsten in Deutschland
Der Wochenmarkt in Münster

Das Nonplusultra, wenn es um das Thema Shopping geht, sind für die meisten Verbraucher Supermärkte, Kaufhäuser und Einkaufsparadiese in der Stadt oder auf der grünen Wiese. In Münster gesellt sich hier noch ein traditionsreiches Highlight dazu: die zahlreichen Wochenmärkte, die sich großer Beliebtheit erfreuen, wobei der Markt auf dem Domplatz besonders hervorsticht und zu den schönsten seiner Art im ganzen Land zählt.

Warenmärkte gab es bereits in der Antike. Die Geschichte der Marktplätze in Deutschland geht bis in das 10. Jahrhundert zurück. Märkte waren die Grundlage für die Entwicklung der Städte. Das Marktrecht, das beim König lag, war eine wichtige Stufe zum Erhalt des Stadtrechts und führte im 12. und 13. Jahrhundert zur Entwicklung vieler Städte. So wurden die Märkte mehr und mehr zur Lebensader und zur Mitte des städtischen Lebens. Ohne die Bauern, die Woche für Woche in die Städte kamen, gab es keine Versorgung der Bewohner mit Lebensmitteln und Waren. Mit ihnen kamen auch Quacksalber, Bader, Kesselflicker und Gaukler, die für die Unterhaltung und die Verbreitung von Nachrichten sorgten. Somit waren die Märkte einst nicht nur ein Platz des Handels, sondern auch ein Ort für Gespräche, Neuigkeiten und Klatsch. Sie waren sozusagen das Facebook der damaligen Zeit – ohne Tastatur und Maus oder Touchscreen.

Auch in Münster gibt es seit langer Zeit ein lebendiges Marktgeschehen. Der älteste Markt der Stadt entstand nördlich der bischöflichen Domburg. Seit dem 10. Jahrhundert gab es hier eine Siedlung mit kleinen Märkten und einer Marktkirche, nachdem sich wandernde Kaufleute niedergelassen hatten. Um 1120 wurde die Marktsiedlung nach Süden um eine neu angelegte Marktstraße, den heutigen Prinzipalmarkt, erweitert.

Den Ablauf der Märkte steuerten die Behörden. Sie kontrollierten und bestimmten die Verteilung der Marktstände nach Art ihrer Waren. Der Handel vor den Stadttoren war nicht gestattet, schließlich wollten die Mächtigen alles unter Kontrolle haben. Gleiche oder ähnliche Produkte durften nur an vorher festgelegten Plätzen angeboten werden. Wer die Regeln missachtete, dem drohten Strafen: von der Einziehung der Ware bis zum Aufenthalt hinter Gittern. In der Innenstadt Münsters weisen noch heute manche Straßennamen wie Roggenmarkt und Alter Fischmarkt auf die seinerzeit dort verkaufte Ware hin.

Auf der Straße Alter Fischmarkt war bis zum Jahre 1774 ausschließlich der Verkauf von Fisch gestattet. Dabei achtete die Obrigkeit streng auf die Frische der Ware. Die Fische kamen damals nicht aus dem Meer, sondern aus Bächen und Flüssen der Umgebung wie der Aa, Ems, Stever, Berkel oder Werse. Die Fischhändler legten die Ware auf sogenannten Fischbänken zum Verkauf aus. Um 1774 verlegten die

Behörden den Fischverkauf an den Neuen Fischmarkt am Spiekerhof, dort, wo heute das Kiepenkerl-Denkmal steht.

Der Roggenmarkt befindet sich nördlich des Prinzipalmarktes und verläuft unterhalb der Lambertikirche in einem Bogen in westlicher Richtung. Hier wurde, wie unschwer zu erraten, mit Roggen und anderem Getreide gehandelt. Der Roggenmarkt war zusammen mit dem Prinzipalmarkt und dem Alten Fischmarkt einer der drei Märkte, die am Drubbel, einer Häuseransammlung, zusammenliefen.

Der Prinzipalmarkt war, wie schon sein Name sagt, der Hauptmarkt Münsters. Er fand unter den Bogenvorbauten der Prinzipalmarkt^häuser statt. Hier wurde Gemüse und Obst verkauft. 1903 musste er dem ständig wachsenden Straßenbahn- und Kraftwagenverkehr weichen und zum Domplatz umziehen. Es gibt zwar noch heute Verkaufsstände auf dem Prinzipalmarkt, aber es werden hier jetzt Blumen statt Obst und Gemüse verkauft.

Wie in vielen anderen Städten kam während des Zweiten Weltkrieges auch in Münster der Wochenmarkthandel zum Erliegen. Nach dem Krieg waren mehrere der ehemaligen Marktplätze massiv zerstört. Es mussten neue Flächen für den Markthandel bereitgestellt werden. Übergangsweise fand 1950 der Markttag am Michaelisplatz statt. Zusätzlich zum Domplatz, auf dem, wie vor dem Krieg, wieder der Hauptmarkt stattfand, wurden nun auch der Platz am Schützenhof (Geiststraße/Sentmaringer Weg) und der Hubertiplatz zum Wochenmarkt. Mit dem Münster/Hamm-Gesetz und der damit verbundenen Eingemeindung selbstständiger Gemeinden in die Stadt Münster kamen neue Stadtteilmärkte hinzu. 1972 war es der Markt in Hiltrup, Ende der 1970er-/Anfang der 1980er-Jahre die Märkte in Roxel, Kinderhaus, Wolbeck, Coerde und Handorf und 1987 der Markt in Gremmendorf.

Zu den schönsten Wochenmärkten in Deutschland zählt der Markt auf dem Domplatz. Mittwochs und samstags trifft sich hier Münster und das Münsterland. Der Platz ist die historische Keimzelle der Stadt.

Mit über 150 Ständen ist der Wochenmarkt am Domplatz nicht nur einer der größten, sondern auch einer der schönsten in Deutschland. Hier bieten die Bauern aus der Umgebung jeden Mittwoch und Samstag ihre Produkte an. Der Platz dient an den Markttagen aber nicht nur dem Einkaufen frischer Lebensmittel. Er ist auch heute noch ein beliebter Treffpunkt für ein Schwätzchen am Stand und für das zufällige Wiedersehen mit Nachbarn, Freunden und Verwandten.

47 Wannenmacher, Blaudrucker und Holzschuhmacher

Der Wannenmacher

Nein, der Wannenmacher baut keine Badewannen. Er baut korbartige Gegenstände, die für den Laien auf den ersten Blick so aussehen wie ein nicht ganz so gut gelungener Versuch nach Abschluss des ersten Teils des Kurses „Körbe flechten“ an der Volkshochschule.

Die Wannen, die auch Kornschwingen genannt wurden, waren aus Weiden geflochtene, schaufelförmige Körbe. Eine Hälfte der Wanne war flach geformt, die andere hatte einen hochgezogenen Rand, an dem zwei Griffe befestigt waren. Sie waren in der Landwirtschaft ein wichtiges Werkzeug zur Getreidereinigung nach der Ernte. Dabei wurde das ausgedroschene Getreide in der Wanne ruckartig in die Luft geworfen. Die leichten Bestandteile wie Spelzen und Spreu flogen durch den Luftzug weg und die schweren Körner fielen in den Korb zurück. So wurde die Spreu vom Weizen getrennt. Auch bei der Aussaat und beim Obstsammeln waren die Wannen ein wichtiger Helfer.

Emsdetten im Münsterland war in Nordwestdeutschland einer der wenigen Orte, in denen das Wannenmacherhandwerk ausgeübt wurde. Die Emsdettener Wannen wurden bis nach England und sogar nach Westindien exportiert. Wie bedeutend die Wannenmacherei früher hier war, erkennt man daran, dass ein Werkzeug des Wannenmachers, das Wannenmachereisen, Teil des Stadtwappens von Emsdetten ist.

Der Blaudrucker

Zugegeben – die Berufsbezeichnung des Blaudruckers lässt bei dem einen oder anderen Zeitgenossen eine kurze Heiterkeit aufkommen. Aber bei der filigranen Arbeit des Bedruckens von Stoffen und der Blaufärberei ist kein Alkohol im Spiel, denn hier ist Konzentration gefragt.

Der Beruf des Blaudruckers gehört zu den traditionellen Handwerken im Münsterland. Hierbei kommt der sogenannte Reserve- oder Negativdruck zum Einsatz. Dabei wird zunächst mit Musterstempeln aus Holz oder Metall, sogenannten Modeln, eine klebrige Masse auf Naturmaterialien wie Leinen, Halbleinen oder Baumwolle gedruckt. Die Masse wird Papp oder Druckpapp genannt und besteht unter anderem aus *Gummi arabikum*, essigsaurer Tonerde, weißer Tabakspfeifenerde, Grünspan und Bleizucker. Sie nimmt beim nachfolgenden Färbevorgang die Farbe nicht an, sie reserviert das weiße Muster des Models. Der bedruckte Stoff wird anschließend so oft in den Färbebottich, die Küpe, getaucht, bis die gewünschte Farbtiefe erreicht ist. Der bedruckte Stoff kommt erst grün aus der Färberlauge. Der Farbstoff oxidiert und nimmt langsam die blaue Farbe an. Früher schlugen die Handwerker mit Holzlatten auf den Stoff ein, wodurch mehr Sauerstoff in das Gewebe gelangte und der Prozess beschleunigt wurde. Daher stammt das Sprichwort „jemanden grün und blau schlagen“. Nachdem der Druckpapp abgewaschen wurde, erscheint wie durch

Mit flachen Körben, den Wannen, wurde das Getreide hochgeworfen, sodass der Wind die Spreu vom Weizen trennen konnte.

Zauberei das weiße Muster auf blauem Grund. Der Blaufärber erlebt somit immer wieder aufs Neue sein blaues Wunder.

Eine andere Technik ist der Direktdruck, bei dem beispielsweise Leinen mit in blaue Farbe getauchten Modeln bedruckt wird.

Die alten Techniken des Blaudrucks werden im Münsterland heute nur noch an wenigen Orten praktiziert. Aus dem blauweißen Stoff werden Kissen, Gardinen, Schürzen, Kleider, Halstücher, Tisch- und Bettwaren gefertigt.

Die UNESCO hat den Blaudruck zum immateriellen Kulturerbe der Menschheit erklärt.

Der Holzschuhmacher

Das Handwerk des Holzschuhmachers ist auch im Münsterland, von wenigen Ausnahmen einmal abgesehen, ausgestorben. Wohl jeder Bauer trug früher Holzschuhe. Die Holzschuhe, auch Holschen oder Klumpen genannt, galten früher als Sinnbild für einfache soziale Verhältnisse: „He is in Holschen groot worrn." Vom Mittelalter bis ins 20. Jahrhundert hinein wurden Holzschuhe von Holzschuhmachern hergestellt. Ein traditioneller Holzschuh wird aus einem einzigen Weichholzblock gefertigt, meist aus Pappelholz. Dabei wird in der manuellen Produktion zunächst aus einem Holzstück die äußere Form des Schuhs grob herausgearbeitet und anschließend fein modelliert. Dann wird sein Inneres mit speziellen Werkzeugen ausgehöhlt. Dabei unterscheiden sich die Westfälischen Holschen von ihren „Kollegen" durch einen Lederbesatz in Form einer durchgehenden Kappe über dem Rist.

Mit der Ausbreitung der Schuhindustrie mussten die Holzschuhe dem Lederschuh Platz machen. Heute werden Holzschuhe hauptsächlich im Hobbybereich wie bei der Gartenarbeit getragen. Vorteil: Man schlüpft schnell hinein und wieder hinaus. Und sie nehmen fast keine Feuchtigkeit auf – Schweißfüße ade.

48 Der „Löwe von Münster"
Clemens August Kardinal von Galen

Für Adolf Hitler war er ein Staatsfeind, ein großer Dorn im Fleisch der Nationalsozialisten, für die Katholiken im Bistum Münster war er eine Symbolfigur des kirchlichen Widerstands: Clemens August Graf von Galen, von 1933 bis 1946 Bischof von Münster. Mit dem Ehrentitel „Löwe von Münster" ging er in die Geschichte ein.

Clemens August Graf von Galen kam am 16. März 1878 auf der Burg Dinklage im Landkreis Vechta zur Welt. Er war das elfte von dreizehn Kindern des Zentrumspolitikers und Erbkämmerers Ferdinand Heribert Graf von Galen und dessen Frau Elisabeth, einer geborenen Reichsgräfin von Spee.

Seine Schulzeit verbrachte Clemens August teilweise im Jesuitenkolleg Feldkirch in Österreich und in Vechta, wo er 1896 das Abitur machte. Ein Jahr später begann er gemeinsam mit seinem Bruder Franz an der Universität Freiburg in der Schweiz ein Studium der Literatur, Geschichte und Philosophie.

Im Jahr 1898 machte er eine dreimonatige Italienreise, während der er eine Privataudienz bei Papst Leo XIII. erhielt. Danach reifte in ihm der Wunsch, Priester zu werden. Deshalb trat er ein Jahr später in das Jesuiten-Konvikt Canisianum in Innsbruck ein. Nach dem Studium der Theologie in Innsbruck und Münster wurde er am 28. Mai 1904 im Hohen Dom zu Münster von Bischof Hermann Jakob Dingelstad zum Priester geweiht.

Nach zwei Jahren als Domvikar und Kaplan seines Onkels, Weihbischof Maximilian Gereon Graf von Galen, verließ er 1906 Münster und zog nach Berlin. In der damaligen Reichshauptstadt war von Galen mehr als zwei Jahrzehnte als Kaplan und Pfarrer tätig. Hier erlebte er aus unmittelbarer Nähe den Niedergang des Kaiserreichs, die Krise und das Ende der Weimarer Republik mit. Im März 1929 berief ihn Erzbischof Johannes Poggenburg in seine westfälische Heimatdiözese zurück und ernannte Graf von Galen zum Pfarrer von St. Lamberti in Münster.

Der wohl bedeutendste Karriereschritt folgte vier Jahre später: Nach dem Tod des Erzbischofs wurde Clemens August von Galen 1933 von Papst Pius XI. zum Bischof von Münster ernannt. Sein Wahlspruch lautete „Nec laudibus nec timore" – „Weder durch Lob noch durch Furcht".

Galen galt als konservativ und kommentierte umstrittene Zeitfragen aus einer explizit nationalen Sicht. Seine politische Heimat war bei den sogenannten Rechtskatholiken. Er zählte wie viele seiner Zeitgenossen zu den Verfechtern des versunkenen monarchisch-obrigkeitsstaatlichen Systems und der Dolchstoßlegende, einer Verschwörungstheorie vom unbesiegten deutschen Heer 1918. Clemens August war Gegner der Demokratisierung und ein Kritiker der Weimarer Reichsverfassung. Er lehnte zwar die NS-Ideologie ab, nicht aber die von Hitler praktizierte Zerschlagung der republikanischen Staatsform zugunsten des Führerstaates.

Als die NSDAP dann aber Angriffe auf die Kirche, katholische Vereine und Schulen startete, wehrte sich von Galen dagegen, indem er 1934 die neuheidnische Ideologie des Nationalsozialismus in seinem ersten Osterhirtenbrief angriff. Die einst laut gesprochen hatten, verstummten, die jetzt sprechen sollten, schwiegen. Nicht so von Galen. Im Gegensatz zu vielen seiner Bischofskollegen stellte er immer wieder öffentlich nationalsozialistische Übergriffe und Unrechtstaten an den Pranger.

Am bekanntesten wurden jedoch seine drei Predigten, die er im Juli und August 1941 hielt. Darin verurteilte von Galen die Terrormethoden der Gestapo, die Euthanasie-Verbrechen und die staatliche Beschlagnahme von Klöstern. Die Predigten fanden im In- und Ausland große Verbreitung; sie wurden als Flugblätter von alliierten Flugzeugen abgeworfen und an den Fronten des Krieges verteilt. Der Rückhalt im katholischen Münsterland und die Reaktion im Ausland verhinderten seine Inhaftierung. Die Nationalsozialisten befürchteten, das ganze Rheinland und Westfalen für die Dauer des Krieges abschreiben zu müssen, wenn sie aus dem Bischof einen Märtyrer machten. Galen überlebte das Kriegsende und wurde im Februar 1946 von Pius XII. zum Kardinal ernannt.

Statue von Clemens August Graf von Galen am nordöstlichen Ende des Domplatzes in Münster. Mit seinen berühmten Predigten gegen die totalitäre Herrschaft der Nationalsozialisten ging der „Löwe von Münster" in die Geschichte ein.

Trotz seiner anerkannten Leistungen im Kampf gegen die nationalsozialistische Partei und die Geheime Staatspolizei werden heute noch viele Aspekte seines Lebens und Wirkens kontrovers diskutiert. Historiker werfen ihm beispielsweise vor, sich während seiner Amtszeit als Bischof primär für die Rechte der Kirche eingesetzt zu haben. Am 22. März 1946, nur wenige Tage nach seiner Rückkehr aus Rom, starb Kardinal von Galen an einer verschleppten Blinddarmentzündung. Im Jahr 2005 wurde er durch Papst Benedikt XVI. seliggesprochen.

49 Heiliger Bimbam
Die Glockenstadt Gescher

„Fest gemauert in der Erden / Steht die Form, aus Lehm gebrannt. / Heute muss die Glocke werden / Frisch, Gesellen, seid zur Hand." Mit den ersten Zeilen seines Gedichts „Das Lied von der Glocke" aus dem Jahr 1799 hat der große deutsche Dichter Friedrich Schiller eigentlich schon beschrieben, wie eine Glocke gegossen wird. Na ja – nicht ganz, etwas komplizierter ist es schon.

Wenn bei Gottesdiensten, bestimmten Anlässen oder anstelle von Alarmsirenen die Glocken läuten, dann denken wohl die wenigsten darüber nach, welche Kunstfertigkeit, Anstrengung und Präzision das Handwerk des Glockengießers benötigt. Ganz wenige von ihnen sind heute noch in der Lage, dieses altehrwürdige Handwerk auszuüben. Meist entstammen sie aus traditionsreichen Glockengießerfamilien. Ihre Werkzeuge und Materialien haben sich seit Jahrhunderten nicht verändert. Würde ein Geselle von vor 400 Jahren heute die Werkstatt betreten, könnte er beinahe sofort mitarbeiten. Nur die Bedienung des Schaufelladers, des Krans und des Ölofens wäre im wohl etwas fremd, die müssten ihm die Kollegen noch zeigen.

Wer wissen will, wo im Münsterland die Glocken hängen, muss nach Gescher fahren. Hier, im westlichen Münsterland, befindet sich eine der letzten Glockengießerwerkstätten, in der noch die mittelalterliche Handwerkskunst des komplizierten Bronzegusses praktiziert wird.

Die Glockengießertradition der Manufaktur in Gescher geht bis in die Mitte des 17. Jahrhunderts zurück. Gegen Ende des Dreißigjährigen Kriegs werden in Lothringen erstmals Spuren der Glockengießerfamilie nachgewiesen. Das Herzogtum war zu der Zeit der Standort vieler Glockengießerfamilien. Von hier aus bewegten sich die Meister und Gesellen in alle Richtungen, um an Ort und Stelle Glocken gießen zu können. Eine stationäre Werkstatt an einem bestimmten Standort gab es damals noch nicht, weil zu dieser Zeit das Transportproblem schwerer Glocken noch nicht gelöst war. Eine der „wandernden" Glockengießerfamilien waren die Petits. Seit 1690 werden bei Petit & Gebr. Edelbrock in Gescher Glocken gefertigt und das bis heute nach dem traditionellen Lehmverfahren.

Die Kunsthandwerker in Gescher haben auch weltliche Glocken, zum Beispiel für Schiffe oder Vereine, im Programm. In der Kunstguss-Manufaktur des Betriebes werden unter anderem Plastiken und Skulpturen gegossen. Die Sanierung, Restaurierung oder Ersatzherstellung von älteren und alten Gussarbeiten machen einen erheblichen Anteil der Arbeiten aus. Daneben bietet die Glockengießerei auch Betriebsführungen an.

Eine zweite Adresse für Glocken-Freunde ist in Gescher das Westfälische Glockenmuseum. Hier erzählen mehr als

Was verstehen Experten unter falschen Glocken, Bienenkorbglocken oder Zuckerhutglocken? Diese und noch viele andere Fragen rund um die Glocke werden im Glockenmuseum in Gescher auf spannende und unterhaltsame Weise beantwortet.

1.000 Exponate die Geschichte der Glocke. Die ältesten Objekte stammen von Pferdegeschirren und sind 2.000 Jahre alt. Große und kleine, europäische und asiatische Kirchen-, Schiffs-, Tisch- und Kuhglocken sind hier zu sehen. Viele von ihnen dürfen die Besucher selbst anschlagen oder läuten. Dabei lernen sie, was es bedeutet, zu „beiern" und zu „kleppen". Auf zwei Glockenspielen kann man sich selbst als Carilloneur (Glockenspieler) versuchen. Mit der Wasserglocke kann der Besucher sogar Töne sichtbar machen. Eine auf dem Kopf stehende und mit Wasser gefüllte Glocke wird dabei mit einem Gummihammer angeschlagen. Mit dem Erschallen des Glockentons werden die Schallwellen auf der Wasseroberfläche sichtbar.

In einer Glockengrube werden mit Hilfe von Lehmformen in Originalgröße, Werkzeugen und Schablonen die einzelnen Arbeitsschritte bei der Herstellung einer Glocke demonstriert. Dass Glockengießer in früheren Jahrhunderten auch Kanonen gegossen haben, zeigt ein mächtiges Kanonenrohr aus dem 17. Jahrhundert. Im Shop des Glockenmuseums kann sich jeder seine eigene Glocke kaufen. Es sollte etwas Handliches sein, denn Kirchenglocken lassen sich nur schwer transportieren.

Das kleine Städtchen Gescher verfügt über eine ausgeprägte Museumsdichte. Neben dem Glockenmuseum gibt es hier noch ein Kutschenmuseum, ein Imkereimuseum, ein Torfmuseum und einen Museumshof.

Ein Text, der mit Friedrich Schillers Glocke beginnt, sollte auch mit einem Text oder besser mit dem (lateinischen) Motto des Schiller-Gedichts und einer häufigen Glockeninschrift abschließen: „Vivos voco, mortuos plango, fulgura frango" – „Die Lebenden rufe ich, die Toten beklage ich, die Blitze breche ich".

50 „Varus, gib mir meine Legionen wieder" Weltgeschichte an Ems und Lippe

Zur Zeit Kaiser Augustus hatten die Römer die Region westlich des Rheins bereits besetzt und zu einer römischen Provinz gemacht. Ihr nächstes Ziel war, die Rheingrenze bis zur Elbe vorzuschieben und damit den römischen Einflussbereich in Germanien nach Osten hin zu vergrößern. Dabei verlief die wichtigste Marsch- und Nachschubroute entlang der Lippe.

Hier wurde eine Reihe von Militärlagern eingerichtet, davon eines der wichtigsten im heutigen münsterländischen Haltern; eine Region namens „Münsterland" gab es damals ja noch nicht. Die sich mehr und mehr zu festen Stützpunkten entwickelnden Lager sicherten die Lippe als Schifffahrtsweg ab. In Haltern auf der Hofestatt wurde eine Marinebasis samt Schiffshäusern und Kasernen nachgewiesen. Wahrscheinlich wurden hier Schiffe für die Feldzüge gebaut und gewartet. Der antike Name des Lagers Haltern ist nicht zweifelsfrei bekannt, Indizien weisen darauf hin, dass es sich um das von römischen Geschichtsschreibern erwähnte Lager Aliso handelt. Zu Beginn des 1. Jahrhunderts n. Chr. waren hier mehr Legionäre stationiert als irgendwo sonst im römischen Reich. Im Jahr 12 v. Chr. begannen die Römer unter der Führung des Kommandanten Publius Quinctilius Varus auch das von germanischen Stämmen bewohnte Gebiet östlich des Rheins zu erobern und Germanien bis zur Elbe zur römischen Provinz zu machen. Übrigens: Zu dieser Zeit existierte noch kein germanisches Volk. Demnach gab es auch keinen germanischen Staat, nur Stämme und Stammesverbände, die von den Römern pauschal als Germanen bezeichnet wurden. Mit mehreren Feldzügen gelang den Römern die Unterwerfung der germanischen Stämme, die zwischen Rhein und Elbe lebten. Alles machte den Eindruck, als habe das Imperium die Sugambrer, Usipeter, Cherusker, Chauken, Chatten und Markomannen nun endlich unter seine Herrschaft gebracht.

Der Plan der Römer, Germanien dauerhaft zu besetzen, scheiterte im Jahr 9 n. Chr., als in der sogenannten Varusschlacht drei römische Legionen mit etwa 15.000 Soldaten unter der Führung des Senators und Feldherrn Publius Quinctilius Varus von vereinigten germanischen Stämmen besiegt wurden.

Führer der vereinigten germanischen Stämme war der junge Arminius, ein Fürst der Cherusker, der, damals nicht unüblich, von den Römern erzogen und ausgebildet worden war. Er diente als Führer germanischer Verbände im römischen Heer und war so mit dem römischen Militärwesen und dessen Kriegsführung vertraut. Arminius wusste genau, dass er auf offenem Feld keine Chance gegen die Legionen hat. Er musste sie also mit einer Guerillataktik überlisten. Varus befand sich zu der Zeit mit drei Legionen im Hinterland Germaniens und wollte gerade den Rückweg ins Winterlager antreten. Arminius streute das Gerücht, dass abseits der geplanten Route einige Germanen einen Aufstand planten.

Eine Skulptur von Wilfried Koch in Haltern am See zeigt den gescheiterten Varus.

Varus fiel darauf herein und nahm den von Arminius vorgeschlagenen Umweg in Kauf, um den Aufstand niederzuschlagen. Arminius lockte damit Varus in ein unbekanntes und unwegsames Gebiet mit morastigen Sümpfen, Wäldern, Hügeln, Schluchten und schmalen Wegen, wo sich die Legionäre nur schlecht verteidigen konnten. Hier griffen Arminius, dessen Name eingedeutscht „Hermann der Cherusker" lautet, und seine Germanen die Römer aus dem Hinterhalt an. Nach mehreren Tagen grausamen Gemetzels waren fast alle Römer der 17., 18. und 19. Legion tot. Varus war verwundet worden und tötete sich selbst. Als später Kaiser Augustus davon erfuhr, soll er geklagt haben: „Varus, gib mir meine Legionen zurück!", und wütend seine Toga zerrissen haben. Womit er bis heute in so mancher Lateinstunde für Schweißausbrüche unterschiedlichster Intensität sorgt. Warum Arminius, immerhin Ritter und ein hochrangiges Mitglied der römischen Armee, ein erbitterter Gegner des Imperiums wurde, bleibt im Dunkel der Geschichte.

Aber wo war denn nun die Schlacht genau? Nun, der Ort der Schlacht ist umstritten, vieles spricht heute für Kalkriese im Osnabrücker Land.

Einig Jahre nach der verlorenen Schlacht unternahm der römische Feldherr Germanicus einen Rachefeldzug gegen die Germanen. Die Römer gaben jedoch auf Weisung von Kaiser Tiberius ihre Pläne auf, nochmals einen Vorstoß in das Gebiet zwischen Rhein und Weser zu machen, und beschränkten sich auf die Gebiete westlich des Rheins. Die Lager an der Lippe wurden später aufgegeben.

Über einem Teil des damaligen Lagers erhebt sich heute in Haltern am See das LWL-Römermuseum mit dem Schwerpunkt auf dem Alltag der Römer. Hier sind auf spannende Weise die bedeutendsten Funde aus allen Militärlagern entlang der Lippe ausgestellt.

Erlauben wir uns abschließend eine geschichtswissenschaftlich nicht ganz seriöse Frage: Was wäre, wenn die Varusschlacht nicht passiert wäre? Oder wenn Varus die Schlacht gewonnen hätte? Wie sähe wohl ein Münsterland aus, das ähnlich wie die Rheinprovinz vier bis fünf Jahrhunderte unter römischer Herrschaft gelebt hätte?

51 Bergmannsgrüße aus dem Münsterland
Die alte Zeche Westfalen

Die Stadt Münster ist ein klassischer Dienstleistungsstandort und das Münsterland ist noch heute ein durch die Landwirtschaft geprägter Raum. Wer denkt da an Bergwerke? Gut, vom Salz- und Strontianit-Bergbau im Münsterland hat der eine oder andere schon mal etwas gehört, aber beim Steinkohleabbau denkt man eher ans Ruhrgebiet und vielleicht noch ans Saarland. Doch auch in Teilen des Münsterlandes ist die Erde ziemlich durchlöchert.

Vielleicht fanden die Steinkohlebergwerke hier kaum Beachtung, weil sie nur am Rande der Region lagen. Unter Berücksichtigung der administrativen Grenzen des Münsterlandes sind hier das Ibbenbürener Steinkohlenrevier in der Region Tecklenburger Land und die Zeche Westfalen in Ahlen zu nennen. Von ihr wollen wir hier erzählen.

Ende des 19. Jahrhunderts bildete sich im Südosten des Münsterlandes ein industrielles Zentrum. In Beckum entstand 1872 das erste Zementwerk. In Ahlen begannen Unternehmen mit der industriellen Produktion von Emaille-Produkten und dem Abbau des Erzes Strontianit, von dem es weltweit kein vergleichbares Vorkommen gibt. Strontianit wurde früher unter anderem als Katalysator bei der Zuckerherstellung verwendet.

Auf Initiative örtlicher Kaufleute und Fabrikanten aus Ahlen und Umgebung führten bereits im Jahr 1900 Bohrgesellschaften Suchbohrungen durch. Hierbei stießen sie im Bereich der Bauerschaft Rosendahl auf Kohlevorräte. Nach weiteren Tiefbohrungen begann man 1909 in Ahlen mit dem Abteufen der Schächte für die Zeche Westfalen. Der Terminus „Abteufen“ leitet sich von der bergmännischen Bezeichnung „Teufe“ für Tiefe ab und bezeichnet das Bauen eines Schachtes in die Tiefe. Erstmals Kohle gefördert wurde 1912. Bei der Inbetriebnahme war die Zeche tiefer als alle Zechen im Ruhrgebiet. Die flözführende Schicht wurde bei 888 Meter erreicht. In der Folgezeit entstanden insgesamt sieben Schächte. Das Bergwerk war das östlichste im Rheinisch-Westfälischen Steinkohlerevier und gleichzeitig auch dessen nördlichste Zechenanlage. Mit einher ging der Bau einer Bergarbeiterkolonie. Die Gründung der Zeche führte zu einem starken Anstieg der Bevölkerung, wodurch sich die Ackerbürgergemeinde Ahlen zur Stadt entwickelte.

Die erwarteten Fördermengen wurden durch Rekrutieren von Bergleuten im Ersten Weltkrieg und dessen Kriegswirtschaft stark eingeschränkt. Erst Mitte der 1920er-Jahre erreichte die Zeche entsprechende Zahlen.

Ab 1927 übernahm die Deutsche Continental-Gas-Gesellschaft (DCGG) die Zeche Münsterland, was deren weitere Entwicklung positiv beeinflusste. Von hier aus wurde Gas an die Städte Ahlen, Bad Sassendorf, Beckum, Neu-Beckum, Soest, Rheda, Werl und Wiedenbrück

Blick auf die ehemalige Zeche Westfalen, heute ein Gewerbe- und Freizeitpark.

geliefert. Zur Verbesserung seiner Koksbasis erwarb 1969 der Eschweiler Bergwerksverein die Zeche und 1993 wurde sie von der Ruhrkohle AG übernommen. Schon zu dieser Zeit war den Betreibern klar, dass ein profitabler Kohleabbau längerfristig aussichtslos war. Für einige Jahre wurde der Abbau weiter nach Westen in das noch nicht erschlossene Feld der Zeche Maximilian verlegt. Die höchste Förderung erreichte die Zeche Westfalen im Jahre 1982. In diesem Jahr bauten die Bergleute 2.672.373 Tonnen Steinkohle ab. Westfalen glänzte einige Jahre mit Förderleistungen über dem Durchschnitt der Zechen im Ruhrgebiet. Die mittlere Förderung lag bei 1,5 bis 2,2 Millionen Tonnen im Jahr. In Spitzenzeiten hatte die Zeche 3.500 Beschäftigte. Am 30. Juni 2000 stellte die Zeche Westfalen ihren Dienst ein und wurde in weiten Teilen abgerissen.

Von den sonst im östlichen Ruhrgebiet häufigen Schlagwetterexplosionen blieb die Zeche verschont. Todesopfer gab es trotzdem. 1920 starben 17 Bergleute bei einem Seilriss, 1928 drei bei Reparaturarbeiten im Schacht, 1941 vier bei einem Blindschachteinsturz und 1965 drei bei einem Gebirgsschlag.

Kohle, Kumpel, Waschkauen – das gab es einmal auf der Zeche Westfalen. Schleichend gerät die bergbauliche Vergangenheit des Münsterlandes in Vergessenheit. Die ehemalige Schachtanlage in Ahlen ist heute ein Denkmal und wird als Gewerbefläche und Veranstaltungsort genutzt. Das Freigelände ist als Landschaftspark aufgebaut. In der ehemaligen Waschkaue befinden sich eine 22 Meter hohe Kletterwand und ein Indoor-Hochseilgarten. Die Gebäude der ehemaligen Lohnhalle und Weißkaue sind Orte für Kongress- und Messeveranstaltungen. In den Räumen der ehemaligen Grubenwehr hat der Bergbau-Traditions-Verein Zeche Westfalen ein Museum eingerichtet. Kurz, auf dem ehemaligen Gelände der Zeche Westfalen gibt es immer etwas zu entdecken.

52 Schräg bis exzentrisch
Originale des Münsterlandes

Sind die Deutschen ein besonders humorbegabtes Volk? Zumindest ist der deutsche Humor besser als sein Ruf. Quer durch die deutsche Geschichte finden sich vom Hofnarren bis zum Kabarettisten Beispiele für große Spaßmacher. Nicht überall bekannt, aber deshalb nicht weniger humorvoll sind die Exzentriker, die in jeder Stadt und in jedem Dorf einen hohen Bekanntheitsgrad in der lokalen Bevölkerung erlangt haben: die Originale.

Selbst bei einer kurzen Annäherung an Münster und an das Münsterland ist es kaum möglich, nicht auf die Spuren des „unwiese Profässer" Hermann Landois und des „tollen Bomberg", Gisbert Freiherr von Romberg, zu geraten. Im Gegensatz zu den anderen westfälischen Schelmen sicherten sich beide schon zu ihren Lebzeiten auf die eine oder andere Weise absichtlich einen Platz in Münsters „Hall of Fame". Heute würde man sie wohl als „PR-Genies mit Eulenspiegel-Gen" bezeichnen.

Professor Hermann Landois war in erster Linie ein seriöser Wissenschaftler. Er wurde am 19. April 1835 in Münster geboren. Danach studiert er auf Drängen seiner Familie Theologie und wurde 1859 im Dom zu Münster zum Priester geweiht. Das war aber wohl nicht ganz sein Ding und so studierte er danach Biologie. 1869 habilitierte er als Zoologe und wurde schließlich Professor für Zoologie. Er publizierte 1.150 Arbeiten, darunter auch Lehrbücher der Zoologie, der Botanik und der Mineralogie. Sein eigentliches Lebenswerk war die Gründung des Westfälischen Zoologischen Gartens, um dessen Finanzierung er sich mit allen Mitteln kümmerte, und des Naturkundemuseums. So sehr Landois Wissenschaftler war, so sehr war er auch ein spleeniger Zeitgenosse.

Er wohnte im Zoologischen Garten auf einem parkähnlichen Hügel, auf dem in früheren Zeiten Scharfrichter Verbrecher vom Leben zum Tode befördert hatten. Hier lebte Landois als Graf Tucks oder Wildgraf von Tecklenburg in einem architektonischen Querschläger, der von ihm so getauften Tuckesburg, zusammen mit seiner Haushälterin und dem Affen Lehmann, mit dem er gemeinsam die eine oder andere Flasche Bier leerte. Landois selbst galt als einer der besten Zecher Münsters. Seine Trutzburg, einem Sommersitz Graf Draculas nicht unähnlich, hatte der westfälische Harlekin innen und außen mit den merkwürdigsten Dingen aus dem Untergrund seiner Gelehrtenseele vollgestopft.

Vor der Tuckesburg setzte sich Landois selbst ein Denkmal. Bei dessen Einweihung hielt er die Lobrede zu seinen Ehren selbst, und zwar mit Weste, Zylinder und langer Pfeife, genau so, wie er sich in Bronze hatte gießen lassen. Der Zylinder seines Standbildes diente als Nistkasten. Als erklärter Vogelfreund gründete er einen Anti-Katzenverein. Hermann Landois starb am 29. Januar 1905.

In der Tuckesburg wohnte Professor Hermann Landois alias Graf Tuck mit seinem Affen Lehmann.

Anders als die verrückten Einfälle des Professors Hermann Landois ließen die derben Scherze des Barons Gisbert Freiherr von Romberg, genannt der „tolle Bomberg", nicht überall nur Spaß aufkommen. Romberg kam am 20. Juli 1839 auf dem Schloss Buldern im westlichen Münsterland zur Welt. Über den abgedrehten Baron und seine tollkühnen Streiche kursieren bis heute zahlreiche Geschichten, bei denen Wahrheit und Dichtung weit auseinanderliegen. Als vermögender Großgrundbesitzer mit Liegenschaften, Schlössern, Gütern, Wäldern, prächtigen Jagden, weitläufigen Fischereien und eigener Pferderennbahn außerordentlich reich begütert, konnte er ein unkonventionelles Leben führen, das ihn selbst in seiner tollsten Periode vor Verarmung bewahrte. Dazu gehörten wüste Gelage, wilde Liebesgeschichten, verwegene Jagden und verrückte Wetten. Von dem übermütigen adligen Schelm heißt es: „Bei den geistlichen Herren war der Baron ein Besessener, bei den adligen ein Trottel, bei den Spießern ein Hundsfott, bei den Militärs ein Saufgenie, bei den Damen ein Wüstling, aber beim Volk ein Kerl!"

Die wohl bekannteste Anekdote über den tollen Bomberg ist die über die Einrichtung einer Bahnstation in Buldern. Zu der Zeit hielt die Eisenbahn nur an den Hauptknotenpunkten und in wichtigeren Städten, aber zum großen Ärgernis des Barons nicht in seinem Heimatort Buldern. Doch er wollte zu gern praktisch vor der Haustür aussteigen. So pflegte er auf der Rückfahrt mit dem Zug aus Münster die Notbremse zu ziehen, sobald die Bahn seine Felder in der Nähe des Schlosses überquerte. Dann zahlte er die 30 Mark Strafe und ging querfeldein nach Hause. Das machte er so lange, bis in Buldern die kleinste Bahnstation des Münsterlandes errichtet wurde. Den unberechenbaren Spaßvogel und seine Schelmenstreiche verewigte Josef Winckler in seinem 1924 erschienenen Bestseller „Der tolle Bomberg – ein westfälischer Schelmenroman". Das Buch wurde zweimal verfilmt, unter anderem mit Hans Albers, Paul Henckels, Gert Fröbe und Harald Juhnke.

53 Kubismus beim Pumpernickel
Das Picasso-Museum in Münster

„Gebt mir ein Museum, und ich werde es füllen" lautet eines der Zitate von Pablo Picasso. Seine Arbeiten sind in den führenden Kunstmuseen der Welt ausgestellt, in Paris, Barcelona, Madrid und Antibes – und in Münster. Ein Museum mitten in Westfalen über den Meister der Moderne? Über den spanischen Maler, Grafiker und Bildhauer, dem Erfinder des Kubismus?

Pablo Picasso war nie in Münster und hatte auch keine gemeinsamen Berührungspunkte mit der Domstadt. Mit dem Münsterland verbunden waren aber der Grafiker Gert Huizinga und seine Frau Jutta. Huizinga erwarb zu Beginn der 1950er-Jahre mit einem Linolschnitt eine erste Picasso-Arbeit. Sein Kontakt zu Picassos ehemaliger Lebensgefährtin Marie-Thérèse Walter führte dazu, dass er sich auf das Sammeln von Picasso-Lithografien konzentrierte. In den 1970er-Jahren konnte Gert Huizinga durch die Bekanntschaft mit Picassos Drucker Fernand Mourlot, in dessen Werkstatt die meisten Picasso-Lithografien gedruckt wurden, seine Sammlung mit weiteren Werken Picassos, insbesondere sehr seltenen Zustands- und Probedrucken, umfangreich erweitern. Diese Blätter sind deshalb von großem Interesse, weil sie einen Einblick in das Bilddenken Pablo Picassos ermöglichen. Der Meister begann nämlich seine Arbeiten nicht mit einem fertigen Plan, seine Ideen entfalteten sich erst während des Schaffensprozesses.

Die zunehmende Vergrößerung der Sammlung veranlasste das Ehepaar Huizinga, sich von ihrem in Jahrzehnten zusammengetragenen spektakulären Kunstschatz zu trennen und die Werke Picassos in einem neu einzurichtenden Museum der Öffentlichkeit zu präsentieren. Sie überführten ihre umfangreiche Sammlung von weit mehr als 700 Grafiken in eine Stiftung und bildeten damit den Hauptbestand des im September 2000 eröffneten Graphikmuseums Pablo Picasso in Münster. Gert Huizinga war bis zuletzt Mitglied im Stiftungskuratorium. Das Kunstmuseum ist das erste und bisher einzige Picasso-Museum in Deutschland. Es besitzt fast das komplette lithografische Werk des spanischen Künstlers und somit die vollständigste Sammlung seiner Lithografien weltweit.

Auf der etwa 600 Quadratmeter großen Ausstellungsfläche werden die unterschiedlichen Arbeitstechniken und Schaffensperioden Picassos präsentiert. Zum Museum gehören ferner umfangreiche Sammlungen seiner künstlerischen Mitstreiter Georges Braque, Marc Chagall, Joan Miró und Henri Matisse. Anlässlich seines zehnjährigen Bestehens wurde das Graphikmuseum Pablo Picasso im Jahr 2010 in Kunstmuseum Pablo Picasso Münster umbenannt. Vor einem Besuch der Sammlung sollte man allerdings wissen, dass das Picasso-Museum ausschließlich wechselnde Sonderausstellungen mit Leihgaben internationaler Museen zeigt. Die Werke

Ein Picasso aus 13.783 Steinen ist aus der Vogelperspektive auf dem Picassoplatz an der Königsstraße auszumachen.

der eigenen Sammlung sind demnach nicht permanent ausgestellt. Zusätzlich dient das Museum als besonderer Veranstaltungsort für Tagungen, Workshops oder Feste und kann zu einem solchen Zweck gemietet werden.

Der an der Königsstraße direkt vor dem Kunstmuseum gelegene Picassoplatz kann mit einer imponierenden Zahl aufwarten: Aus 13.783 Steinen entstand hier ein Porträt Picassos im Pflaster. Das Dumme an der Sache ist nur, dass das Porträt vom Boden aus praktisch nicht zu erkennen ist, man kann auf ihm nur herumtrampeln. Erst aus der Vogelperspektive lässt es sich betrachten. Gemäß der Aussage des Architekten ist dies jedoch beabsichtigt, die auf den ersten Blick wirre Gestaltung soll geheimnisvoll auf den Betrachter wirken. Auch ein Architekt ist zu gewissen Zeiten ein Künstler …

54 Frisch gezapft! Braukultur und Bierkrieg in Münster

Wie in vielen deutschen Städten wurde auch in Münster schon im Mittelalter Bier gebraut. Im 15. Jahrhundert war Münster berühmt für sein Grutbier. Das Münsteraner Grutbier, Dubble Porse genannt, wird heute nach alter Brautradition aus dem Jahre 1480 gebraut. Mit dem heutigen Pilsener oder Altbier hat das allerdings nicht viel zu tun.

Die Grutbiere, die auch anderenorts gebraut wurden, enthielten allerlei unterschiedliche Kräuter wie Kümmel, Ingwer, Anis, Muskat, Nelken, Rosmarin oder Lorbeer. Konserviert wurde die Bierwürze durch eine Kleie aus Dinkel und Hafer. Die Münsteraner Gewürzmischung enthielt neben Hopfen, Wacholder und Kümmel auch Teile des Gagelstrauches (Gagel = mittelniederdeutsch Porse).

Beim ersten Probieren sollte man nicht an Bier denken. Durch die Zutaten schmeckt es eher wie Wein, ein Kräutercocktail oder wie ein süßlicher, leicht säuerlicher und fruchtiger Mix – jedenfalls ist es geschmacklich sehr weit entfernt von dem uns bekannten Bier.

Im Jahre 1516 beschränkte das deutsche Reinheitsgebot, das älteste Lebensmittelgesetz der Welt, die Zutatenliste für Bier auf Wasser, Malz und Hopfen. Danach setzte sich das Hopfenbier durch. Es ließ sich unter anderem besser konservieren, was den Handel maßgeblich verbesserte. Bier war damals auch bei der Münsteraner Bevölkerung sehr beliebt. Anlässe für Bierkonsum waren Taufen und Beerdigungen, Schützenfeste, Hochzeiten, der Frühschoppen nach dem Kirchgang, bestandene Prüfungen, das Abendessen oder der Feierabend. Sogar in der Fasten- und Adventszeit konsumierten die Menschen den Gerstensaft nach dem Motto: „Was flüssig ist, bricht kein Fasten“. Bier wurde gerne als Nahrungs-, Stärkungs- oder Heilmittel beschrieben. „Pier ist halb Speis“, hieß es in einem Mandat der Herzöge von Bayern aus dem Jahre 1516. Der Mythos, im Mittelalter seien Bier und Wein die alltäglichen Getränke und Wasser als Getränk verpönt gewesen, ist allerdings unsinnig.

Erst in der Reformationszeit wurden die bierseligen Feierlichkeiten vielerorts durch Verordnungen limitiert und der hohe Bierkonsum ausgebremst. Bis heute wird der Wandel des Bierkonsums von den Schwankungen des Zeitgeistes beeinflusst.

In Münster und seiner Umgebung wurde traditionell obergäriges Bier gebraut. Schon Kardinal Chigi, seines Zeichens der Vertreter des Vatikans beim Westfälischen Frieden nach dem Dreißigjährigen Krieg, trank in Münster sein Altbier.

Die überschäumende Bierfreude der Münsteraner führte 1895 sogar zu einem Krieg – dem sogenannten Münsterschen Bierkrieg. Da wollte doch die rigide preußische Verwaltung die Polizeistunde glatt auf 23 Uhr heruntersetzen. Da blieb ja kaum noch Zeit für 20 gepflegte Bierchen am Abend! Jetzt gärte nicht nur das Altbier im Kessel, sondern auch die Seele

Die ehemalige Germania-Brauerei in Münster mit dem denkmalgeschützten Turm von 1900.

der trinkfesten Münsteraner Bevölkerung. Sie beförderte die Kneipenbestuhlung kurzerhand nach draußen auf den Prinzipalmarkt und zechten mit Rufen wie „Bier her, Bier her" weiter. Das Treiben dauerte bis 4 Uhr morgens und wiederholte sich in den folgenden Nächten, bis die Polizeistunde wieder verlängert wurde. Der Bierkrieg war gewonnen.

In den 1950er- und 60er-Jahren war die Germania-Brauerei in Münster eine der größten Brauereien Deutschlands. Nach dem Zusammenschluss mit der Dortmunder Union-Brauerei 1963 ging es bergab und 1984 wurde der Betrieb nach knapp 100-jähriger Erfolgsgeschichte eingestellt.

In früherer Zeit hatten die meisten münsterschen Altbierkneipen ihre eigene Brauerei. Von den weit über 100 Altbierbrauereien, die es einmal in Münster gab, ist die Traditionsbrauerei Pinkus Müller im Kuhviertel übriggeblieben. In letzter Zeit lassen in der einstigen Bierstadt neu gegründete kleine Brauereien das traditionelle Handwerk wieder aufleben.

Apropos: In einem mit konstanter Boshaftigkeit immer wiederkehrenden Gerücht wird bierernst behauptet, dass bis heute der Preis für einen Kasten Bier einer der wenigen Preise ist, die Männer überhaupt kennen. Eben nur ein Gerücht …

55 Rundum geschützt
Die Stadtmauer in Münster

Lange bevor in Europa die erste Stadt gebaut wurde, sicherten unsere Vorfahren ihre noch unbefestigten Dörfer mit Erdwällen und Holzpalisaden vor Angreifern und Plünderungen. Vor mehr als 2.000 Jahren begannen Kelten und Germanen mit der Befestigung ihrer Siedlungen. Auch die Römer schützten ihre Städte und Kastelle mit Wehranlagen aus Holz- und Steintürmen, Gräben und Mauern.

Im frühen Mittelalter suchten die Menschen bei Gefahr Schutz in der nächstgelegenen Burg. Die Plünderungszüge der Ungarn im 9. und 10. Jahrhundert in Sachsen, Bayern, Schwaben und vielen anderen Gebieten und die Einfälle der Normannen in Frankreich und England vergrößerten zunehmend das Bedürfnis, bürgerliche Siedlungen einzufrieden. Erste Städte begannen mit der Errichtung einer Mauer. Im gesamten Europa entstanden ab dem 12. Jahrhundert viele neue Siedlungen, die es vor fremden Herrschern, herumstreifenden Plünderern oder wilden Tieren zu schützen galt. Dazu wurden zunächst Steine noch lose aufeinandergestapelt, später behauene Steine mit Mörtel zu einer Stadtmauer verbunden. Dabei reichten die Eingrenzungen vom einfachen Mäuerchen bis hin zu ausgedehnten militärischen Befestigungen mit Türmen, Bastionen und Toren für den Zugang zur Stadt. Eine Stadtmauer bot den Bürgern Schutz nach außen und garantierte gleichzeitig den Gerichtsstand am Ort. Sie zu errichten war damals ein Privileg und man durfte sie nur mit erteiltem Befestigungsrecht bauen. Diese „Baugenehmigung" vergab der König meist zusammen mit dem Stadtrecht. So hatte eine Stadtmauer neben ihrem Verteidigungszweck auch wichtige symbolische Funktionen. Sie repräsentierte den Status und die Unabhängigkeit der Gemeinschaften, die sie umgab.

Auch das mittelalterliche Münster war von einer eindrucksvollen Befestigungsanlage mit Mauern, Wassergräben und Wehrtürmen umschlossen. Im 12. Jahrhundert umgab die Burgmauer nur einen engeren Raum um den Dom. Dadurch grenzte sie den Dombezirk vom Stadtgebiet ab. Die Personen, die hier wohnten, zahlten keine Steuern an die Stadt, weil sie zur Gerichtsbarkeit des Bischofs gehörten. Die Mauer hieß zu der Zeit Immunitätsmauer.

Der Bau einer Mauer um das eigentliche Stadtgebiet begann auf Veranlassung von Bischof Hermann II. von Katzenelnbogen. In den darauffolgenden Jahrhunderten wurde die Stadtmauer zu einer Befestigungsanlage mit Wällen, Wassergräben und Wehrtürmen ausgebaut. Sie war acht Meter hoch, 1,25 Meter breit und erreichte eine Länge von viereinhalb Kilometern. Der um die komplette Stadt verlaufende Wassergraben wurde von der Aa gespeist.

In die Mauer waren elf stark befestigte Stadttore integriert: das Jüdefelder Tor, das Kreuztor, das Bentheimer Tor, das im 16. Jahrhundert geschlossen wurde, das Neubrückentor, das Hörstertor, das Mauritztor, das Servatiitor, das Ludgeritor, das Aegidiitor, das Bispingtor, das 1536 abgebrochen wurde, und das Frauentor. Ebenfalls Teile der Befestigungsanlage waren sechs runde Wehrtürme: der Buddenturm, der Pulverturm, der Nordostturm, der Niesingturm, der Büttelsturm und der Windmühlenturm. Im 16. Jahrhundert verstärkten Schanzen, Halbmonde, Hornwerke und Glacis die Anlage zusätzlich.

Während der militärischen Einkesselung durch den Fürstbischof Franz von Waldeck bei der Niederschlagung des Täuferreichs und später, als der Fürstbischof Christoph Bernhard von Galen seine eigene Stadt Münster unterwarf, wurden Teile der Stadtmauer beschädigt. Den größten Schaden erlitt die Stadt aber während des Siebenjährigen Krieges durch die Belagerung französischer und hannoverischer Truppen im Jahr 1759. Für den Bau einer Zitadelle ließ der Fürstbischof den westlichen Teil der Stadtmauer schleifen. Später baute der Barockbaumeister Conrad Schlaun an dieser Stelle das fürstbischöfliche Schloss.

Der Buddenturm ist der einzig erhaltene Turm der Stadtbefestigung.

In der Frühen Neuzeit kamen Kanonen als Kriegswaffen zum Einsatz. Der Durchschlagskraft der schweren Kanonenkugeln konnten die mittelalterlichen Befestigungsanlagen nicht lange standhalten, wodurch sie ihre militärische Bedeutung verloren. Auch die Stadtmauer in Münster erfüllte die Anforderungen der Zeit nicht mehr. Zudem machten nationalstaatliche Strukturen und die beginnende Industrialisierung eine Stadtmauer überflüssig. Außerdem behinderten die Befestigungen das Wachstum des Ortes. Im Jahre 1764 erteilte der Minister Franz von Fürstenberg dem westfälischen „Stararchitekten" Conrad Schlaun den Auftrag zur Schleifung der Festungsanlagen und parallel dazu den Auftrag zum Bau des Promenadenrings, der in etwa den Verlauf der ehemaligen Stadtmauer kennzeichnet.

Die einzig noch vorhandenen Reste der mittelalterlichen Stadtmauer sind das Rondell vor dem Kreuztor, der Buddenturm, der zeitweilig als Wasserturm diente, der Zwinger, der 1732 in den Neubau des Schlaun'schen Zuchthauses einbezogen wurde, und das Neuwerk mit einem Stück der Stadtmauer.

Ulrich Kröll: Das Geschichtsbuch des Münsterlandes, agenda Verlag, Münster, 2010.
Hans-Peter Boer, Andreas Lechtape: Unbekanntes Münsterland, Aschendorff Verlag, Münster, 2002.
Rainer A. Krewerth: Burgen, die im Wasser träumen, Aschendorff Verlag, Münster, 1977.
K.E. Mummenhoff: Wasserburgen in Westfalen, Deutscher Kunstverlag, München, 1968.
Walter Werland: Karneval in Münster, Helau! Hurra!, Aschendorf Verlag, Münster, 1976.
Dieter Blase: Zeitreise durch das Münsterland, Wartberg Verlag, Gudensberg-Gleichen, 2003.
J.D. Plaßmann: Geschichte der Stadt Münster, Verlag Ferd. Theissing, Münster 1925.
Josef Winckler: Der tolle Bomberg, Deutscher Taschenbuch Verlag, München, 1980.
Gottfried Schäfers: Münsters Originale, C. J. Fahle Verlag, Münster, 1982.
Josef Bieker: An stillen Wassern, Schlösser im Münsterland, Die bibliophilen Taschenbücher.
Rudolf Großkopff: Stille Winkel in Münster und im Münsterland, Ellert & Richter Verlag, Hamburg, 2013.
Jahrbuch Westfalen 1995, 49. Jahrgang, S. 65–75, Johann Conrad Schlaun.
Bernd Fischer: Münster und das Münsterland, DuMont Buchverlag, Köln, 1982.
Josef Bergenthal: Westfalen in der Geschichte, Aschendorff Verlag 1961.
Hans Galen (Hrsg.): Geschichte der Stadt Münster, Aschendorffsche Verlagsbuchhandlung, 1989.
Franz Josef Jakobi: Geschichte der Stadt Münster, 3 Bände, Aschendorf Verlag, 1993.
Wilhelm Kohl: Kleine Westfälische Geschichte, Patmos Verlag Mannheim, 1994.
Karl Heinz Kirchhoff: Die Täufer in Münster 1534/35, Aschendorff Verlag, 1973.
Hans Jürgen Goertz: Die Täufer, Verlag C.H. Beck, München, 1980.
Detlef Fischer: Münster von A bis Z, Aschendorf Verlag, 2004.
Wilhelm Schulte: Westfälische Köpfe, Aschendorf Verlag, 1963.
Heinrich Portmann, Kardinal von Galen, Aschendorf Verlag, 2016.
Wilhelm Henrichmann: Davensberg, Burg und Flecken, Heimatverein Davensberg.
Helmut Lahrkamp: Dreißigjähriger Krieg – Westfälischer Frieden, Aschendorf Verlag, 1997.
Wolfgang Lübbers: Das Bagno in Steinfurt – Ein Garten der Goethezeit, Ibbenbürener Vereinsdruckerei GmbH Steinfurt, 1997.
Wilhelm Vernekohl: Münster. Geschichte – Kultur – Landschaft, Verlag der Westfälischen Vereinsdruckerei Münster, 1958.
Ulrich Wollheim: Auf Annette von Droste-Hülshoffs Spuren, Ellert & Richter Verlag, Hamburg, 1994.
Michael Stoffregen-Büller: Die Heimat der Hengste, Landwirtschaftsverlag Münster, 2001.
Detlef Fischer: Chronik des Münsterlandes, Aschendorf Verlag, 2003.
Gisela Schwarze: Westfalen. Band II, Münsterland, Ardey-Verlag GmbH, Münster, 2006.

Wolfgang Schemann: Münster – Leezen, Lowi und Lowinen, Aschendorff Verlag Münster, 2016.

Klaus Siewert (Hrsg.): Münsters Masematte. Gedichte, Geschichten und Karikaturen, Geheimsprachen Verlag; Münster-Hamburg, 2009.

Walter Nigg: Des Pilgers Wiederkehr, Diogenes Verlag, Zürich, 1992.

Hubert Dahlkamp, Dietrich Schulze-Marmeling: Preußen Münster, Ein Sportclub und seine Stadt, Verlag die Werkstatt, Bielefeld, 2019.

Carsten Schulte: 111 Gründe, Preußen Münster zu lieben, Verlag Schwarzkopf & Schwarzkopf, Berlin, 2015.

Carsten Schulte, SC Preußen Münster: Fußballfibel, Florian Isensee GmbH, Oldenburg, 2020.

Bernd Haunfelder, Ute Olliges-Wieczorek: Münster: Stadt des Westfälischen Friedens, Aschendorf Verlag, Münster, 2015.

Klaas Goinga: Auf den Spuren der Tödden, Ibbenbürener Vereinsdruck, 1995.

Ira Schneider: Münsterland-Küchenklassiker, Wartberg Verlag, Gudensberg, 2016.

Christiane Cantauw u. Johannes Loy (Hrsg.): Schneechaos im Münsterland, Aschendorff Verlag, Münster, 2007.

Hans-Günter Winkler: Halla, meine Pferde und ich, FN Verlag, Warendorf, 2006.

Bernd Ellerbrock: Der Dortmund-Ems-Kanal: 265 Kilometer Wasserstraße von A bis Z, DGEG Medien, Hövelhof, 2017.

Links

www.literaturportal-westfalen.de

www.muenster.de/stadt/medien

www.stadt-muenster.de/tourismus/sehenswertes

www.muenster.de

www.westfaelische-geschichte.de

www.westfaelischer-heimatbund.de

www.westfalen-regional.de

www.sto-ms.de/bildgeschichte/promenade

www.quermania.de/nordrhein-westfalen/muenster/muenster.php

www.rock-popmuseum.de

www.altertumskommission.lwl.org/de/forschung/megalithik/die-duwelsteene-bei-heiden/

www.anholter-schweiz.de/de

www.atelier54.de/texte/baumberger-sandstein

www.stadtmarketing-ibbenbueren.de/ibbaktiv/pauschalangebote/auf-den-spuren-der-toedden.html

www.tournatur-online.de/zwillbrocker-venn-flamingos

www.droste-gesellschaft.de/annette-von-droste-huelshoff

www.industriedenkmal.de/zechen/bergwerke-im-ruhrgebiet/bergwerk-westfalen/

Bildnachweis

Shutterstock/Walencienne: Einband vorn;
Shutterstock/Sina Ettmer Photography: Vorsatz, Nachsatz;
Shutterstock/Marc Venema: S. 2;
Pixabay/hpgruesen: S. 7;
Helmi Schmidt: S. 9, 11, 42/43, 68/69, 79, 83, 89, 91, 95, 96/97;
Von Tuxyso / Wikimedia Commons, CC BY-SA 3.0, https://commons.wikimedia.org/w/index.php?curid=20473193: S. 13;
Von Joefrei - Eigenes Werk, CC BY-SA 3.0, https://commons.wikimedia.org/w/index.php?curid=40585840: S. 15;
Heimatverein Davensberg e.V.: S. 17;
MünsterVIEW: S. 19;
Sternfreunde Borken e.V.: S. 21;
Von Dr. Reiner Düren aka RedPiranha - Eigenes Werk (Originaltext: Eigene Aufnahme), CC BY-SA 3.0 de, https://commons.wikimedia.org/w/index.php?curid=44287475: S. 25;
Marcel Weskamp , Medien & Kommunikation, SC Preußen Münster: S. 31;
Von Florian Adler - photo taken by Florian Adler, CC BY 2.5, https://commons.wikimedia.org/w/index.php?curid=970450: S. 33;
Heinrich Genau, © LWL-Medienzentrum für Westfalen: S. 35;
By J.-H. Janßen - Own work, CC0, https://commons.wikimedia.org/w/index.php?curid=27764615: S. 37;
By Gerrit Elshof - Own work, CC BY-SA 3.0, https://commons.wikimedia.org/w/index.php?curid=13983276: S. 39;
Rüdiger Wölk, Münster: S. 41;
By Zumthie - Self-photographed, Public Domain, https://commons.wikimedia.org/w/index.php?curid=27849766: S. 42/43;
Stadt Münster, Britta Roski: S. 47, 75;
Von Dietmar Rabich, CC BY-SA 4.0, https://commons.wikimedia.org/w/index.php?curid=90535261: S. 49;
Presseamt Münster, Britta Roski: S. 51, 57;
Presseamt Münster / MünsterView: S. 53, 81;
Stadt Münster, Schreiber: S. 55;
Von Dietmar Rabich, CC BY-SA 4.0, https://commons.wikimedia.org/w/index.php?curid=93135018: S. 58/59;
rock'n'popmuseum, Mario Brand: S. 67;
Von Reinhard G. Nießing - Reinhard G. Nießing, CC BY-SA 3.0, https://commons.wikimedia.org/w/index.php?curid=6625564: S. 71;
Presseamt Münster / Angelika Klauser: S. 72/73, 99;
Bürgerschützenverein Sassenberg, Franz-Josef Ostlinning: S. 77;
Von © Günter Seggebäing, CC BY-SA 3.0, CC BY-SA 3.0, https://commons.wikimedia.org/w/index.php?curid=31878418: S. 85;
By muensterland from Greven, Deutschland - Burg Hülshoff im Münsterland, CC BY 2.0, https://commons.wikimedia.org/w/index.php?curid=93319193: S. 87;
Moritz Schwegmann, Medien & Kommunikation, SC Preußen Münster: S. 93;
Von Dietmar Rabich, CC BY-SA 4.0, https://commons.wikimedia.org/w/index.php?curid=38473297: S. 103;
Von Tetzemann - Eigenes Werk, CC0, https://commons.wikimedia.org/w/index.php?curid=60085024: S. 105;
Von JordiCuber - Eigenes Werk, CC BY-SA 4.0, https://commons.wikimedia.org/w/index.php?curid=85706299: S. 107;
Förderverein Fördertürme, Hermann Huerkamp: S. 109;

Von Dietmar Rabich, CC BY-SA 4.0, https://commons.wikimedia.org/w/index.php?curid=93725814: S. 111;
Presseamt Münster / Bernhard Fischer: S. 113;
Von I, STBR, CC BY 2.5, https://commons.wikimedia.org/w/index.php?curid=2469761: S. 115;
Von Rüdiger Wölk - photo taken by Rüdiger Wölk, CC BY-SA 2.0 de, https://commons.wikimedia.org/w/index.php?curid=283865: S. 117;
Gemeinfrei: S. 23, 27, 29, 61, 63, 65, 101.

Impressum

Sutton Verlag GmbH
Arnstädter Straße 8
99096 Erfurt
www.suttonverlag.de

ISBN: 978-3-96303-357-5
Druck: Florjančič Tisk d.o.o. / Slowenien
Gestaltung und Herstellung: Sutton Verlag

Buchhinweise

Eugen Dirks und Dieter Nagorsnik

Billerbeck

19,99 € | ISBN: 978-3-86680-408-1

Klaus Schwinger
Die Reihe Archivbilder
TELGTE
Kaffeewirtschaft
Theodor Kruse
SUTTON VERLAG